袁涤非 主编

国礼仪文化丛书

ese Etiquette Culture Book Series

职场礼仪

中国礼仪

□ 彭 露 程缨茵 编著

东北大学出版社

ⓒ 彭 露 程缨茵 2018

图书在版编目（CIP）数据

中国礼仪. 职场礼仪 / 彭露，程缨茵编著. — 沈阳：
东北大学出版社，2018.4（2025.1 重印）
（中国礼仪文化丛书 / 袁涤非主编）
ISBN 978-7-5517-1876-9

Ⅰ. ①中… Ⅱ. ①彭… ②程… Ⅲ. ①社交礼仪－基
本知识－中国 Ⅳ. ①K892.26

中国版本图书馆 CIP 数据核字（2018）第 090620 号

出 版 者：东北大学出版社
地址：沈阳市和平区文化路三号巷 11 号
邮编：110819
电话：024 - 83683655（总编室） 83687331（营销部）
传真：024 - 83687332（总编室） 83680180（营销部）
网址：http://www.neupress.com
E-mail：neuph@ neupress.com
印 刷 者：三河市万龙印装有限公司
发 行 者：东北大学出版社
幅面尺寸：170mm×240mm
印 张：12   字 数：215 千字
出版时间：2018 年 4 月第 1 版   印刷时间：2025 年 1 月第 2 次印刷
策 划：郭爱民   责任编辑：赵子旭 牛连功
责任校对：杨世剑   封面设计：琥珀视觉

ISBN 978-7-5517-1876-9   定 价：58.00 元

— 序 —

于治国而言，"治国不以礼，犹无耜而耕也"；于修身而言，"今人而无礼，虽能言，不亦禽兽之心乎？"礼仪是人内在品德修为的外在表现，在中华民族的传统美德中占有十分重要的地位。当前，中国特色社会主义伟大事业已进入新时代。"仓廪实而知礼节"，在经济社会迅速发展、国人物质生活得到前所未有满足的新形势下，礼仪文化建设作为社会主义思想道德建设的重要内容，作为培育和践行社会主义核心价值观的重要手段，弘扬与规范之，可谓恰逢其时。

中华民族是礼仪之邦，以编辑文献的形式约定礼仪规范古已有之。西汉礼学家戴圣编纂的《礼记》（又名《小戴记》《小戴礼记》），选编了秦汉以前的各种礼仪论著（如《曲礼》《檀弓》《王制》《月令》《礼运》《学记》《乐记》《中庸》《大学》等）49 篇，既确立了礼仪规范的基本标准（即"傲不可长，欲不可纵，志不可满，乐不可极）"，又从道德仁义、教训正俗、分争辨讼、尊卑长幼、宦学事师、班朝治军、莅官行法、祷祠祭祀等方面阐述了礼仪的广泛用途，还制定了大至国家祭祀、小至家庭婚丧之丰富而具体的行为规范，影响中国 1700 余年。然而，我国现代礼仪文化研究起步很晚，对礼仪文化的研究还处于初级阶段。礼仪文化作为一门内涵小、外延广的边缘学科，还远远不能满足现代文明社会的需求，其科学性、系统性还有待提升到一个新的高度。我和湖南省礼仪文化研究会的各位同人，在从事礼仪文化的研究、教学、培训和推广过程中，常常因文献和教材不足而颇感遗憾。同时，作为礼仪文化工作者，我们也感到自身所肩负的重要责任。因此，我们试图通过撰著"中国礼仪文化丛书"为礼仪文化发展作一些有益的探索，怀抛砖引玉之心，为礼仪文化不断进步略尽绵薄之力。

对礼仪的分类，古已有之。传统礼仪有吉礼、凶礼、军礼、宾礼、嘉礼"五礼"之说。我们选择《公务礼仪》《商务礼仪》《服务礼仪》《医护礼仪》《形象礼仪》《生活礼仪》《言谈礼仪》《餐饮礼仪》《职场礼仪》《涉外礼仪》《儿童礼仪》作为丛书的

11 个分册，一方面是因为这 11 个专题的礼仪具有鲜明的现代社会特点，贴近日常工作和现实生活；另一方面，它们所包含的礼仪文化内涵无疑是现代礼仪的应有之义。当然，这与我们当前对礼仪文化研究业已取得的成熟成果分不开。

　　丛书的内容选择偏重于实践。其一，注重继承和弘扬中华民族优秀礼仪传统。中华礼仪源远流长，几千年中形成的礼仪传统符合大多数国人的心理定势，其中相当大的部分现在仍然适用。其二，单设分册介绍涉外礼仪内容。全球化是当今世界大势所趋，文化大融合不可逆转。借鉴和吸收世界各地的优秀礼仪文明，有利于在国际交往中传播中华礼仪文化、展示国人礼仪形象。其三，中华人民共和国成立已近 70 年，有必要在社会主义核心价值观和公民道德规范框架下，建立新时代中国特色社会主义礼仪规范体系。我们尝试从贴近大众生活的 11 个方面入手，探索建立一套切实可行的，能提升公民道德修养、提高社会文明程度的礼仪规范，并通过我们的教学、培训和读者的阅读，身体力行予以弘扬。其四，除了社会大众需要遵守的一般礼仪规范，我们还根据部分特定场合、特定人群、特定职业的不同特点，有针对性地总结和制定了一些针对特殊需要的礼仪规范，以增强"中国礼仪文化丛书"的实用性，更好地指导人们把学到的礼仪规范运用到生活和工作中。

　　参与丛书撰写的 33 位作者，都是湖南省礼仪文化研究会的中坚力量。他们不仅是长期从事礼仪教学、研究的优秀学者，还是在医疗护理、企业管理、市场营销、心理咨询、幼儿教育等一线工作的佼佼者。他们既有较深厚的理论功底，也有丰富的实践经验。丛书凝聚着作者们的智慧及心血。那些娓娓道来的礼仪阐释、生动有趣的礼仪案例、标准规范的礼仪影像，一定能让读者诸君学有所获、学有所用，使大家成为真正有修养、有品位、有风度、有气质，懂得爱己爱人的现代人。

袁涤非

2018 年 4 月于岳麓山下

目 录
Contents

第 三 章 职场言谈礼仪

第 四 章 职场实用礼仪

第 五 章　职场仪式礼仪

第 六 章　职场社交礼仪

第 七 章　职场服务礼仪

第 一 章

绪论

　　在现代社会中，礼仪往往是衡量一个人文明程度的准绳，是一个国家社会风气的现实反映，是一个民族道德水准的重要标志。礼仪已经渗透到了社会生活的各个环节、各个领域，无论是对个人、对国家，还是对社会的发展都起着越来越重要的作用。本章着重介绍了中国礼仪的起源和发展，明确了礼仪的内涵和定义，阐述了礼仪的特征、功能、作用，最后介绍了礼仪的一个重要组成部分——职场礼仪。

　　在职场中，礼仪的重要性从某种意义上讲，比智慧和学识更重要。职场礼仪，是指人们在职业场所中应当遵循的一系列礼仪规范。职场礼仪不仅可以有效地展现一个人的教养、风度、气质和魅力，还是企业形象、文化、员工素质的综合体现。

　　中国是一个具有五千年悠久历史的文明古国，素有"礼仪之邦"的美誉，"礼尚往来""彬彬有礼""相敬如宾""礼贤下士"等成语都是人际交往所遵循的礼仪规范。所以，中华民族的历史就是一部文明史，一部礼仪形成发展、不断丰富完善的历史。

第一节　礼仪概述

案例导入

　　一家公关公司需要招聘一位职员，面试到最后留下了6位最终候选人，面试结束后考官让他们回去等消息，最终的成绩会以邮件的形式发给大家。于是6个人都回家安心等待消息。几天过去了，小丽的电子邮箱里收到了一封信，内容是："您好，很抱歉通知您，经公司研究决定，目前我们暂时还无法成为同事。我们欣赏你的学识、气质，但因名额有限，目前我们只能暂时对您说声抱歉。感谢你对本公司的支持与认可，也希望日后有机会能与你成为同事。前期已提交的应聘资料将邮寄返还你，同时为你送上本公司一份小小的纪念品，祝你开心！"

　　小丽收到邮件的那一刻，心情十分低落，但看到公司寄过来的材料和纪念品，心里又感动于公司的贴心，于是回了一封感谢的邮件，感谢公司的心意。然而，两天后，她又接到这家公关公司的电话，而这一次却是告诉她，经过公司管理层的决定，小丽被录取了。

　　后来，小丽才知道，邮件是公司的最后一道考题，考察的就是作为一名公关公司的职员必须要具备的基本礼仪修养，公司也给其他5个人发了邮件寄了纪念品，却唯独她一个人回复了感谢信，她能胜出，只不过因为她多花了三分钟的时间去感谢，展现了她的礼仪态度。

一、礼仪的起源与发展

　　中华文明上下五千年，中国素有"礼仪之邦"的美誉。五千年的悠悠岁月中，随着生产力水平的提升、社会的发展，人类社会化属性的日益增强，礼仪文化的内涵日渐丰富，终于达到今日之博大精深。但这种发展并未呈现出直线上升的趋势，其间的曲折跌宕，一如中国波澜壮阔的历史。

（一）礼仪的起源

　　从原始社会起，礼仪之根就开始萌芽，但当时的礼仪主要是一些礼节。最早的礼节用于对神灵的祭祀，所以就有了"礼立于敬而源于祭"的说法。

原始时期的人类面对变幻莫测的大自然，显得十分稚弱，无法解释千变万化的自然现象和突如其来的自然灾害，因此认为是鬼神、祖先在主宰人类的一切。人们开始用当时的一些精致、豪华的食具作为礼器进行祭祀，以表示他们对神灵、对祖先的敬畏，祈求保佑，祈求平安。这种祭祀活动可以看作礼仪的萌芽。

同时，随着家庭的形成，做父母的要抚养和关爱幼小的尚不能独立生活的子女；子女长大成人之后，则要赡养年迈的父母；兄弟姐妹之间也要互相关爱。早在尧舜时期，"五礼"（即父义、母慈、兄友、弟恭、子孝）就已形成，这对家庭成员之间的关系做出了明确的规定。这时，礼仪把家庭成员的言谈举止规范化了。

在社会活动中，人与人之间也渐渐形成了最初级、最原始的礼仪。在狩猎、耕种和部落之间的争斗中，同一群体中的人通过用眼神、点头、拉手等来示意互相之间如何配合。日常生活中，人们不自觉地用击掌、拥抱、拍手来表达欢快的感情，用手舞足蹈来表示狩猎获得食物的喜悦。人们之间这种相互的呼应、关照，逐步形成了一种习俗，这便是最初待人接物的礼节（现在的握手礼就始于原始社会），所以，礼仪成为当时人们交往沟通的一种"语言"。

原始社会后期，随着社会的发展，人们在生产和生活中的分工越来越细，于是产生了发号施令的领导者和服从安排的被领导者。为了维护领导者的地位，体现领导者和被领导者的等级差别，出现了尊卑有序、男女有别。例如：左尊右卑；在重大场合上，习惯以主人或东道主的左侧方位为尊位，其右侧为卑位。此时，礼仪又成了维系等级差别的需要，成为领导者教化子民、维持领导地位的工具。

所以，礼仪在萌芽时期，主要用于祭祀、规范家庭成员言行举止、人际交往中待人接物以及维护领导者的统治地位。

（二）礼仪的发展

每当中国进入一次大变革、大发展的历史时期，礼仪也随着时代的变迁而不断演变、充实和更新。漫长的礼仪文化发展史，可以大致分为礼仪孕育时期、礼仪形成时期、礼仪变革时期、礼仪鼎盛时期、礼仪衰落时期及现代礼仪时期。

1. 礼仪孕育时期

礼仪起源于距今百万年前的原始社会时期，随着人类逐渐进化而不断丰富、演变。在原始社会中、后期就孕育出早期礼仪的"胚胎"。比如，距今约1.8万年前的北京周口店人，已经会使用穿孔的兽齿、石珠作为装饰品，穿戴在脖子和手上。他们还会向逝去的族人周围撒放赤铁矿粉，以表示对族人去世的哀悼，这也可以说是中国历史上出现最早的宗教葬礼。

2. 礼仪形成时期

公元前 21 世纪至公元前 771 年，中国由金石并用时代进入青铜器时代。金属器皿的使用，把农业、畜牧业、手工业生产带到一个全新的时期。随着生产水平的大幅提高，除消费外，开始有了剩余，于是有了不劳而获的统治阶级与辛苦劳作的被统治阶级，由此产生了阶级对立，原始社会彻底瓦解。

在这个时期，由于中国刚从原始社会进入早期的奴隶社会，尊神活动仍被延续，并有日渐升温的趋势。在原始社会，由于缺乏科学知识，人们对于许多自然现象还不太理解，因此他们敬畏和祭祀"天神""河神"。在某种意义上，早期的礼仪是指原始社会人类生活的若干准则，也是原始社会宗教信仰的产物。

直至周朝，礼仪开始有所建树。周武王、辅佐周成王的周公，对周代礼制的确立都起到了重要作用。他们制作了礼乐，将人们的行为举止、道德情操等全部纳入当时的社会体制中，形成了一个尊卑有序的社会。《周礼》是中国流传至今的第一部礼仪专著，整理了周朝的官职表，用于讲述周朝的典章制度。由此可见，许多基本礼仪在商末周初便已基本形成。

在西周，青铜礼器已开始盛行，它是个人身份的象征——礼器的多寡代表身份地位的高低，显示权力的等级。在当时，贵族身上一般都佩戴成组的玉石，以显示身份地位。同时，尊老爱幼这类深入人心的礼仪规范在西周已蔚然成风，如当时孔子的"入则孝，出则悌，谨而信，泛爱众，而亲仁，行有余力，则以学文"，孟子的"老吾老以及人之老，幼吾幼以及人之幼"等都成为教育后人尊老爱幼的名言警句，至今也是人们的行为准则。所以，西周时期应该是礼仪的形成时期。

3. 礼仪变革时期

春秋战国时期，以孔子、孟子为代表的儒家系统地阐述了礼仪的起源、本质和功能。儒家文化一直主导着我国封建社会，影响达几千年之久。儒家思想宣扬"礼教"，提出以"修身""真诚"为本，认为在各种伦理关系中，对人诚实无妄才是"礼"的最高境界。孔子非常重视礼教，将"礼"作为治国、安邦、平天下的基础，他倡导用"礼"来约束和规范人的行为准则，认为："不学礼，无以立。""君子义以为质，礼以行之，孙以出之，信以成之。君子哉！"意思是说：君子要以义作为根本，用礼加以推行，语言表达要谦和，待人处世态度要真诚，这才称得上是谦谦君子。孟子提出"五伦"（即君臣、父子、兄弟、夫妇、朋友五种人伦关系），倡导父子之间有骨肉之亲，君臣之间有礼义之道，夫妻之间挚爱而又内外有别，老少之间有尊卑之序，朋友之间有诚信之德。这是处理人与人之间关系的道理和行为准则。这一时期，除儒家之外，还有其他思想主张，如：道家崇尚自然无为、独善其身，主张废除一切礼仪；法家推崇强权政治，主张以法代礼；墨家主张平等、博爱、利他，以义代礼。各家的主张虽然不同，但正是这种百家争鸣、各种思想相互吸收和融合，才使礼仪的内涵发生了较大的变革。所以，春秋战国时期是礼仪的变革时期。

4. 礼仪鼎盛时期

公元前 221 年，中国历史上第一个中央集权制的封建王朝——秦朝——建立了。秦始皇在全国推行"书同文""车同轨""行同伦"，成为延续两千余年的封建体制的基础。

西汉初期，思想家董仲舒把封建专制制度的理论更加系统化，提出了"唯天子受命于天，天下受命于天子"。他把儒家礼仪概括为"三纲五常"，即"君为臣纲，父为子纲，夫为妻纲"和"仁义礼智信"。他还提出了"罢黜百家，独尊儒术"的思想，让儒家礼教成为了定制。

汉代，一部包罗万象、堪称集上古礼仪之大成的《礼记》问世，它把奴隶社会和封建社会的礼仪汇集成册，成为封建时代礼仪最经典的著作。其中，有讲述古代风俗的《曲礼》，有谈论饮食和居住文化的《礼运》，有记录家庭礼仪的《内则》，有记载服饰礼仪的《玉澡》，有论述师生礼仪的《学记》，还有教授人们道德修养的《大学》。《礼记》对礼仪分类论述，内容十分丰富。

唐宋时代，《礼记》已由"记"上升为"经"，出现了以儒家思想为基础，融合道学、佛学思想的理学，朱熹便是其中的主要代表人物。他指出："仁莫大于父子，义莫大于君臣，是谓三纲五常之本。人伦天理之至，无所逃于天地间。"这一时期对于家庭礼仪的研究也是成果颇丰。在大量的家庭礼仪著作中，《朱子家礼》《司马氏书仪》最著名。前者相传为朱熹所著，后者为司马光撰写。

所以，这一时期的礼仪研究硕果累累，礼仪形式的发展也日趋完善，忠、孝、节、义等礼节也日趋繁多。无论是内容还是形式，礼仪都进入了鼎盛时期。

5. 礼仪衰落时期

清朝入关后，开始逐渐接受汉族的礼制，并使其复杂化，让礼仪变得死板、烦琐。如清代的品官相见，当品级低者向品级高者行跪拜礼时，一般是一跪三叩，甚至三跪九叩。清代后期，贪污腐败盛行，官员腐化堕落，封建社会由盛转衰。随着洋务运动的兴起，西方礼仪开始传入中国，而西方礼仪与中国推崇的礼仪思想有很大的差异。所以，这一时期中国的传统礼仪规范无论是内容还是形式，都受到了西方礼仪的强烈冲击，出现了"大杂烩"式的礼仪思想，封建礼教开始土崩瓦解。

6. 现代礼仪时期

清末，鸦片战争打开了中国长期封闭的大门，国人开始了解西方的政治、经济、文化。大批爱国人士为寻找富民强国的道路，在把西方的文化、科技引入中国的同时，也把西方礼仪介绍进来。辛亥革命之后，封建王朝覆灭，中国人民为摆脱封建礼教的束缚而不断地进行变革。直到1949年10月，中国进入一个崭新的时期，封建礼教被彻底废除，逐步形成了现代礼仪。

改革开放以来，随着中国与世界各国交往的日趋频繁，在我国传统礼仪的基础上，融入了西方先进的礼仪文化，形成了中国特色的新型社会关系和人际关系，那就是：平等相处，团结友爱，互帮互助，礼尚往来。礼仪从内容到形式都在不断变革，构成了社会主义礼仪的基本框架，现代礼仪进入了全新的发展时期。2005年，中央电视台一系列"迎奥运，讲文明，树新风"公益广告热播，各行各业的礼仪规范纷纷出台，如政务礼仪、商务礼仪、服务礼仪、教师礼仪、医护礼仪、国际礼仪等，社会上还出现了各种针对不同年龄、不同阶层的礼仪培训机构，如儿童礼仪、中学生礼仪、大学生礼仪、求职礼仪、职场礼仪等，人们越来越深刻认识到"不学礼，无以立"的道理，学习礼仪知识的热情日益高涨。

2017年10月18日，习近平总书记在党的十九大报告中强调："要提高人民思想觉悟、道德水准、文明素养，提高全社会文明程度。广泛开展理想信念教育，深化中国特色社会主义和中国梦宣传教育，弘扬民族精神和时代精神，加强爱国主义、集体主义、社会主义教育，引导人们树立正确的历史观、民族观、国家观、文化观。深入实施公民道德建设工程，推进社会公德、职业道德、家庭美德、个人品德建设，激励人们向上向善、孝老爱亲，忠于祖国、忠于人民。"这是我们构建当代礼仪文化的指南。我们应遵循"取其精华，去其糟粕"的原则，将传统礼仪文化的精髓融入现代文化的体系，以社会主义核心价值观的构建为契机，促使礼仪意识变为礼仪行为。

二、礼仪的内涵与特征

礼仪无处不在，渗透于工作、生活的方方面面，不仅有时代的烙印，而且还会呈现出一些行业的特点与要求，但其基本的内涵始终是较稳定的。

（一）礼仪的内涵

在古代，礼仪指的是为敬神而举行的各种仪式。如《诗经·小雅·楚茨》中"献醻交错，礼仪卒度"，讲的是古代在酒宴中主宾敬酒交互错杂，礼仪合乎法度。《周礼·春官·肆师》中"凡国之大事，治其礼仪，以佐宗伯"，意思是凡是涉及国家的事务，都应讲究合乎礼仪，用礼仪来辅助宗伯。这时对礼仪的基本定义是"致福曰礼，成义曰仪"，由此可知，当时的礼仪是为维护封建统治阶级而制定的基本制度和行为规范。

在现代，通常所说的礼仪是一种待人接物的行为规范，是一种交往的艺术表现。它是人们受历史传统、风俗习惯、宗教信仰、时代潮流等因素影响而在长期社会交往中形成的。礼仪既为人们所认同，又为人们所共同遵守，是在建立和谐关系的基础上各种符合客观要求的行为准则和规范的总和。但无论是古代还是现代，礼仪的内涵都具体表现在礼貌、礼节、仪表、仪式等方面。

礼貌，是指人们在彼此交往过程中表示尊敬、重视和友好的言谈举止。比如，我们经常会用"这个孩子真有礼貌"来表扬一个孩子主动与客人打招呼的举动。礼貌是以尊重他人、不侵害他人利益为前提的，是表达人与人之间和谐相处的意念和行为，如尊老爱幼、尊师重教、乐于助人、热情好客等。

礼节，是指人们在日常交际活动中，相互表示尊重、祝愿、问候、致意、慰问等待人接物方面的形式，如拜会、握手、馈赠、吊唁等。

仪表，是指人的外表、穿着，它主要指美的外在形象，引申为人的精神状态，如容貌、服饰、表情、姿态、风度等。

仪式，是指在一定场合举行的具有专门程序和形式的社会活动，如升旗仪式、奠基仪式、开学典礼、毕业典礼、剪彩仪式等。

所以，现代礼仪是人们在社会交往活动中，为了相互尊重，在仪容、仪表、仪态、仪式、言谈举止等方面约定俗成、共同认可的行为规范。"礼"是内在的，是人们对自己、对他人表示尊重和敬意的态度；而"仪"是外在的，是人们通过一定的动作、形式等表现出来的"礼"。"礼"是一种观念、一种意识、一种态度，而"仪"是外在的表现形式。"礼"字解决了，"仪"字迎刃而解；"礼"字不解决，即使懂得一些形式上的东西，也难以将其落实在行动上而形成习惯。"态度决定一切""心有敬而形于外"就是这个道理。

（二）礼仪的特征

同一历史时期，不同国家、民族、地域会有不同的礼仪规范，所谓"百里不同风，千里不同俗"。不同的历史时期，礼仪更会打下那个时代的烙印。礼仪的内容虽然存在差异，但其基本特征是一致的，主要表现为以下四个方面：

1. 继承性

礼仪，是一种文化修养，是人类在长期的共同生活和交往中，为维持正常生活秩序而逐渐演变或约定俗成的。在这个过程中，传统礼仪中那些烦琐、保守、与社会发展不适应的内容被不断摒弃，只有那些体现了人类精神文明和社会进步的精髓才得以世代传承。比如生活中我们常说"礼尚往来""来而不往非礼也"，说话要谦恭、和气、文雅，仪态要大方、恭敬、从容，仪表要端庄、得体、简洁，对待他人要知晓爱亲、敬长、尊师、亲友之道，等等。古往今来，这些优良传统在古代适用，在当今社会也同样适用，并已成为人们生活中的一种习惯和规范。所以，无论世事如何变迁，一些好的思想观念、礼仪传统总会代代相传，被延续继承。

2. 差异性

礼仪，作为一种共同遵守的行为规范，在实际应用中还会受到时间、地域、环境及各种因素的制约，具有很大的灵活性。任何国家、民族、地区都有其礼仪的特色，这是按照地域和群体来划分的，也是礼仪的一个十分重要的特点。一方面它表现在某个地域中或某类群体中具有共同的礼仪习俗；另一方面又说明地域与地域之间、群体与群体之间的礼仪习俗有不同的地方。各自不同的文化背景和历史原因等多方面因素造成了这种不同，也由此产生了多姿多彩的礼仪文化。比如，西方人在见面礼仪中讲究拥抱，提倡"女士优先"；但东方人大多将握手作为见面的礼节。有的地方把抚摸小孩的头当作亲切的表示，而有的地方却认为这是极无礼的行为。在庆典活动中，有的民族喜欢跳舞，有的民族喜欢唱歌，有的民族喜欢泼水。所以，每到一个新的地方，最好先了解一下当地的礼仪习俗，以便入乡随俗，这样更能体现对交往对象的尊重。

同一种礼仪，对不同年龄、不同性别、不同职业的人也会有不同的呈现方式。例如，同样是打招呼，男性之间与女性之间的问候方式会不同，老朋友之间与新朋友之间的问候方式也不同。再如，同样的话语，站在不同角度表述也会不同，对年轻人来说可能没有什么，可是对中老年人来说就可能会伤害他；对同性来说很正常，对异性来说可能就失礼了。正因为礼仪存在如此大的差异性，所以要求我们在不同的时间、场合都运用相应的礼仪来展现自己的风采，而不是生搬硬套、千篇一律，把礼仪变成一种死板的教条，那样反而会失礼了。

3. 针对性

人际交往讲究公平公正、一视同仁，但更讲究对等原则，即"投之以桃，报之以李""礼尚往来"，所以礼仪礼节具有很强的针对性。如公务接待时，应当派出与对方身份、职位基本相同的人员进行接待，迎送人员数量要适宜，不可过多或过少，基本上与对方对口、对等。一个单位的处长出访另一个单位时，被访单位也应由处长出面接待，至少要安排会见。

4. 规范性

礼仪是人们在交际场合待人接物时所必须遵守的行为规范。"必须遵守"，就是不能依据个人的意愿随意改变。它已经成为人们彼此交往的"通用语言"，成为衡量他人和判断自己是否自律敬人的标尺。如果人们能自觉地遵照并维护这一准则，那么便是符合礼仪要求。如果总是自作主张、一意孤行，或者一味按照自己的喜恶行事，那么就会给他人造成许多困扰。例如，别人握手时伸出右手，而你偏伸出左手；在宴席上，别人都在小口品酒，而你却大口干杯；开会时别人都把手机调至静音或震动模式，你的手机铃声却不时响起……这种偏离常规的做法，轻则造成沟通的障碍，使别人不清楚你要表达的意思；重则令人觉得你对他人失敬。所以礼仪一旦约定后必须俗成，具有强制性和规范性。

三、礼仪的原则与功能

礼仪是约定俗成的行为规范。既然是规范，当然有一定标准和尺度来衡量其是否规范。礼仪的规范很多，可以说是包罗万象，因为它涉及生活和工作的方方面面。但只要掌握了一些基本原则，复杂的问题也就简单化了。

（一）礼仪的原则

讲礼仪，应遵循以下四条原则：

1. 尊重原则

礼仪的核心是尊重，诚如孟子所言："尊敬之心，礼也。"所以，礼仪的实质只有一个字——"敬"。"敬"字包含两层含义：一是"尊敬"，即尊敬长辈、尊敬师长、尊敬交往对象、尊敬所有人，尊敬他人就是尊敬自己；二是"敬畏"，即敬畏制度、敬畏法律、敬畏生命。敬畏制度，你上班就不会迟到，因为你知道，这是最基本的劳动纪律；敬畏法律，你就不会做违法乱纪的事情，绝不触碰法律底线；敬畏生命，你就不会"酒驾"，就不会做危及他人生命的事情。一个人如果有了"尊敬"之心、"敬畏"之意，就一定会是一个有道德有修养、懂得爱己爱人的人。

尊重原则要求人们在人际交往中与交往对象相互尊敬、相互谦让、和睦相处。"尊重"二字，在实际生活中体现为：尊重上级，是一个人的天职；尊重下属，是一个人的美德；尊重客户，是一个人的风度；尊重所有的人，是一个人的教养。人际交往中，不管年龄大小、职务高低，都应当受到尊重。对待他人要有敬重的态度，不可失敬于人，不可伤害他人的尊严，更不可侮辱他人的人格。特别是对待自己的下属和晚辈，有时他们做错了事，虽然可以严厉批评，但切不可表现出任何的不屑和鄙视，否则你也不可能得到他们的尊重。如果遇到对方有意伤害自己尊严，要坚决维护。所以，人与人之间相互尊重，是人际关系中讲究礼仪的基本出发点。尊重原则也就成了礼仪的核心原则。

2. 遵守原则

礼仪是社会生活的行为准则，它反映了人们的共同意识。世界上各民族、各阶层、各党派、各国家，都应当自觉维护、共同遵守礼仪。尤其在公共场所，更要遵守礼仪规范，否则将受到公众的批评和指责。例如，在马路上，要遵守行人走人行道，骑自行车走右侧自行车道，遇红灯要止步、见绿灯才通行等规则。在日常交往中，尤其是拜访他人或求人办事之时，要遵时守约、诚恳待人。

3. 适度原则

俗话说"礼多人不怪"，但在实际生活中，礼多了人也怪。热情过度、礼节繁多，会显得太过迂腐，反而让人反感、厌恶。例如，招待宾客时，周到地为客人端茶添水，请人就座，这都在情理之中；但如果宾客第一次来访，用餐之后起身告辞，主人却硬要留人夜宿，反而会显得太过热情，让人为难，甚至会引起对方的反感。因此，人际交往中言行举止既要合乎规范，又要得体适度。俄国短篇小说家契诃夫《小公务员之死》中的主人公"小公务员"，就是礼仪不适度的典型案例。

4. 自律原则

个人是礼仪行为的实施者，应当首先"从自我做起"，要人前人后一个样，要一视同仁，才能创造出自然和谐的相处氛围。礼仪规范不是用来约束别人的，而是用来修正自己的言行，不断完善自我的行为准则。如果一味地苛求别人而放纵自己，只会变成"孤家寡人"。因此，在学习、应用礼仪过程中，最重要的是要自我要求、自我约束、自我检视、从我做起。要加强自身修养，完善个人人格。古人常将"慎独"二字写成书法作品挂在书房作为一种修身养性的方法，就是时时提醒自己独处时也要"谨小慎微"。其实，不断地自律就逐渐形成了习惯，所谓"习惯成自然"就是这个道理。养成良好的习惯，既可消除自我约束的感觉，也可使自律成为自觉。

（二）礼仪的功能

礼仪是人类精神和物质文明成果的精髓，内容丰富，应用广泛，无论是对社会的和谐进步，还是对经济的发展，都有极大的促进作用，具体体现在以下几个方面。

1. 教育作用

礼仪以一种道德习俗的方式对社会中的每一个成员发挥维护社会正常秩序的教育作用。人们通过礼仪的学习和应用，建立新型的人际关系，从而在交往中严于律己、宽以待人，互尊互敬、互谦互让，讲文明、懂礼貌，和睦相处，形成良好的社会风尚。陶行知校长用四块糖果教育学生要守时，要勇于承认自己的错误，要懂得尊重他人的故事就是在用礼仪教育人、塑造人。

2. 美化作用

礼仪之美在于它帮助人们美化自身、美化生活，从而美化整个社会。个人形象，包括仪容、仪表、仪态、谈吐、教养等，在礼仪方面都有各自详尽的规范，因此学习和运用礼仪，有益于人们更好地、更规范地设计和维护自身形象，充分展示个人的良好教养与优雅风度。如面带微笑、有礼貌地跟人打招呼，不小心碰撞他人时说声"对不起"，大庭广众之下轻声细语，这些都能展现自己美的形象。作为社会成员的每个人变美了，整个社会也就变美了。

3. 协调作用

礼仪作为人们在社会生活中逐渐形成的行为规范和准则，它约束着人们的态度和动机，规范着人们的行为方式，维护着社会的正常秩序，协调着人与人之间的关系，在社会交往中发挥着巨大的作用。比如，上班前向父母打个招呼，见到同事热情问好，这些看似细小的礼节礼貌，会像一条美丽的纽带，把自己同对方紧密地联系起来，协调与他们之间的关系，从而获得周围人的认可与赞美，营造良好的人际交往氛围，让生活环境更加舒心、更加和睦。

4. 沟通作用

自觉遵循礼仪规范，能使交往双方的感情得到良好的沟通，在向对方表示尊重、敬意的过程中，获得对方的理解和尊重。例如，在社交场合司空见惯的握手礼，是古时人们为了表示友好，扔掉手上的工具，摊开手掌，双方击掌，示意手中没有任何武器，不会攻击对方。后来逐渐演变成双方握住右手，相互寒暄致意的见面礼节。这样的无声语言，起到了互致友好、沟通情感的作用。

习近平总书记在党的十九大报告中指出："社会主义核心价值观是当代中国精神的集中体现，凝结着全体人民共同的价值追求。要以培养担当民族复兴大任的时代新人为着眼点，强化教育引导、实践养成、制度保障，发挥社会主义核心价值观对国民教育、精神文明创建、精神文化产品创作生产传播的引领作用，把社会主义核心价值观融入社会发展各方面，转化为人们的情感认同和行为习惯。坚持全民行动、干部带头，从家庭做起，从娃娃抓起。深入挖掘中华优秀传统文化蕴含的思想观念、人文精神、道德规范，结合时代要求继承创新，让中华文化展现出永久魅力和时代风采。"文明礼貌、助人为乐、爱护公物、保护环境、遵纪守法是中华优秀传统文化蕴含的思想观念、人文精神、道德规范。礼仪修养既属于道德规范体系中的社会公德，是社会主义精神文明的内容；也符合千百年来优良传统的习惯，是适应最大多数人需要的道德伦理规范。因此，礼仪是和谐社会的基本要求，是人们希望有安定和平生活环境、有正常社会秩序的共同要求，更是和谐社会中全体公民为维系社会的正常生活而共同遵循的最基本的公共生活准则，是不可或缺的行为规范。

延伸阅读

[1] 姬仲鸣,周倪.孔子:上卷[M].北京:中央民族大学出版社,1998.

[2] 姬仲鸣,周倪.孔子:下卷[M].北京:中央民族大学出版社,1998.

[3] 杨朝明.荀子[M].开封:河南大学出版社,2008.

[4] 黄怀信.大学 中庸讲义[M].北京:清华大学出版社,2013.

[5] 司马光.资治通鉴[M].太原:北岳文艺出版社,2013.

[6] 刘同.谁的青春不迷茫[M].北京:中信出版社,2012.

[7] 李清如.跟杨澜学做完美女人[M].武汉:武汉出版社,2012.

[8] 周小平.请不要辜负这个时代[M].海口:南海出版公司,2014.

第二节 礼仪与职场礼仪

案例导入

　　小王在日常工作中有个不好的习惯，总是将本该扔进垃圾桶的票据随意丢在地上。恰巧有一天，这一幕被来洽谈生意的客户看见了，客户心里直犯嘀咕："员工素质如此之差，他们生产的东西能行吗？还是回去再考虑考虑吧。"回去后，该客户将这一细节向公司领导做了汇报，该公司领导最终认为，这样的职业素养不符合他们对合作单位的期望，同时对小王所在公司生产出来的产品质量也存在疑问。于是，就是这样乱扔票据的行为，导致公司直接损失数百万元的订单。

一、职场礼仪的含义

　　职场礼仪，是指职场人在工作中应当遵循的一系列礼仪规范。这些礼仪规范将提升职场人的职业形象，学习、掌握并恰当地应用职场礼仪，有助于完善和维护职场人的职业形象，做一个成功的职业人。职业形象包括内在的和外在的两种主要因素，每一个职场人都需要塑造并维护自我职业形象。在工作中树立良好的职业形象，展示良好的人际沟通能力，具备一定的职场技巧，能用一种恰当合理的方式开展工作，这就是职场礼仪。在职场中，个人代表整体，个人形象代表企业的形象，个人的所作所为决定了他人对本企业的看法。树立良好的职业形象，不仅有助于提高员工素质，还有助于维护企业的形象。内强素质，外塑形象，巧妙地运用职场礼仪，提高工作能力，这样才能在职场中赢得别人的尊重，实现个人和所在组织的双赢，并获得成功的从业感受和愉快的生活体验，进而促进社会文明的发展。

二、职场礼仪的功能

（一）适应对外开放的需要

　　坚持对外开放的基本国策，既要"引进来"，也要"走出去"。长期封闭的环境已被打破，坐井观天的工作态度已难以适应当今世界的发展要求，走向世界，面向世界，是当代职场人应有的意识。在经济全球化的浪潮中，参与国际间的经济合作，除了应具备一些必备的专业技能外，还必须学习如何与他人相处的规范，这些规范就是礼仪。礼仪的学习能够帮助职场人顺利地走向社会、走向世界，能够帮助其更好地树立自身的形象，赢得别人的尊重，实现个人和所在组织的双赢。

（二）适应社会主义市场经济发展的需要

市场经济是商品经济，市场经济的发展带来了大范围的分工协作和商品流通，促进了人与人之间、组织与组织之间、地域与地域之间的相互依赖和相互合作，同时更带来了激烈的市场竞争，"皇帝女儿不愁嫁""酒香不怕巷子深"的局面已一去不复返。

市场经济是竞争经济。为了实现各自的价值，市场主体之间必然进行激烈的竞争，优胜劣汰。这一机制促使企业不断地提高自身素质和经营规模，以在竞争中立于不败之地。在市场经济条件下，职场人应更多地了解、学习礼仪的知识，帮助自己顺利走向市场、立足市场。

（三）适应现代信息社会的需要

在信息社会，技术极大地促进了文化、知识、信息的传播，为人们充分表达意愿提供了条件，促进了民众的民主意识、民主观念、民主要求。同时，传统的管理层垄断信息的局面被打破，管理层丧失了从垄断信息到垄断决策权力的优势，传统的科层制所固有的或衍生的理性化、部门分割的管理体制将受到冲击。在信息社会，社会组织管理中的代议式民主、间接民主开始向参与民主、直接民主演变，由传统的金字塔型组织管理结构向网络型的组织管理结构转变。飞速发展的传播沟通技术和手段，正日益改变着人们传统的交往观念和交往行为。尤其是人们交往的范围已逐步从人际沟通扩展为大范围的公众沟通，从面对面的近距离沟通发展到不见面的远程沟通，从慢节奏、低频率的沟通变为快节奏、高频率的沟通。在这种沟通条件下，实现有礼有节的交往，就必须学习和运用礼仪。

三、职场礼仪的原则

在职场中，如何运用礼仪，如何发挥礼仪应有的作用，如何创造最佳的人际关系状态，怎样让礼仪帮助我们获得更多的成功，这些都同遵守职场礼仪原则密切相关。

（一）真诚尊重

在职场中，真诚尊重是礼仪的首要原则。在职场交往过程中，我们需要尊敬、重视对方，无论是上级之间、平级之间、下级之间、客户之间，尊重对方是最起码的教养。只有真诚待人，才是尊重他人；只有真诚尊重，方能创造和谐愉快的人际关系，真诚和尊重是相辅相成的。真诚是对人对事的一种实事求是的态度，是待人真心实意的友善表现。

（二）自信自律

自信是职场中一份很可贵的心理素质。一个有充分自信心的人，才能在交往中不卑不亢、落落大方，遇到强者不自惭，遇到艰难不气馁，遇到侮辱敢于挺身反击，遇到弱者会伸出援助之手。而自律就是要自觉自愿、自我对照，自我反省，自我要求，自我检点，自我约束。

（三）平等适度

在职场中，礼仪行为是双方的，你给对方施礼，对方自然也会相应地还礼于你，这就必须讲究平等的原则，平等是人与人交往时建立情感的基础，是保持良好的同事关系的诀窍。职场礼仪还需要适度得体、掌握分寸，多一分会让人感觉过于热情，显得谄媚，少一分又让人感觉过于冷淡，显得自傲。

（四）宽容守信

宽容即与人为善。在职场中，宽容是一种较高的境界，站在对方的立场去考虑一切，是你交朋友的最好方法。守信即讲究信誉。守信是我们中华民族的美德。在职场中，尤其讲究守时和守约。如没有十分的把握，就不要轻易许诺他人，许诺做不到，反落了个不守信的恶名，从此会永远失信于人。

📋 延伸阅读

[1] 贾公彦.周礼注疏[M].上海:上海古籍出版社,2010.

[2] 金正昆.金正昆礼仪金说[M].北京:北京联合出版公司,2013.

[3] 周思敏.你的礼仪价值百万[M].北京:中国纺织出版社,2012.

[4] 姜钧.礼仪知识大全集[M].南昌:百花洲文艺出版社,2012.

[5] 理想.我的第一本职场礼仪细节全书[M].北京:中国纺织出版社,2017.

[6] 谭一平,叶坤妮.职场工作礼仪[M].北京:清华大学出版社,2011.

　　形象和礼仪是相辅相成、互相依赖、不可分割的两项内容。形象是外在的，礼仪是看似外在实则内在的东西，是内涵的外延。形象是礼仪的表现形式，礼仪又反作用于形象。

　　形象礼仪是个体形象的外在表现形式之一，形象礼仪水平的高低往往反映出一个人的教养、素质。维系人们正常交往的纽带就是礼仪形象。在人际交往中，其外在的形态、容貌、着装、举止等始终是一种信息，在不知不觉中已经传给了对方，这些信息无疑会或好或坏地影响交际活动的全过程。应该说，在高度开放的信息时代，在瞬息万变的市场经济条件下，注意你给人留下的第一印象是相当重要的。也许你正在谋求一份工作，也许你正代表公司与对方谈一笔生意，总之，你给人留下的第一印象会成为或成功或失败的一个潜在因素。

第一节　职场形象礼仪概述

案例导入

　　坐在休息室里等候面试的李丽丽看着其他应聘者一遍遍地背着自我介绍，有点儿不以为然，心想："我高挑的个子，白皙的皮肤，还有这身靓丽的打扮，白领丽人味道十足，舍我其谁？"终于轮到她，按考官的要求，李丽丽开始做自我介绍："各位好！我是李丽丽。在校期间，我的学习成绩优良，曾担任两届学生会文艺部部长，……我还有很多业余爱好，比如演讲、跳舞啊，拿过很多奖。对于自己的公关能力和社交才能我是充满自信的。"一边说着，李丽丽一边从包里拿出获奖证书，化妆盒却不小心跟着掉了出来，各种化妆用品散落一地。她一下乱了手脚，慌忙捡着东西，同时抬头对考官说："不好意思！"考官们不满地摇摇头说："同学，我们这里是研究所，麻烦你再出去看一下我们的招聘条件吧。"

　　随着社会的发展，形象的包装已不再是明星的"专利"，普通职场人士对自己的形象也越来越重视，因为好的形象可以增加一个人的自信，对个人的求职、工作、晋升和社交都起着至关重要的作用。

一、职场形象礼仪的要求

（一）塑造职场形象要适应所处的场合

　　李先生到某知名酒店接待客户，为他们服务的是一名五官清秀的服务员，她的服务工作做得很好，但面无血色、无精打采，因为她没有化工作妆，显得病态十足，让人一看就觉得心情欠佳。上菜时，李先生又突然看到传菜员涂的指甲油缺了一块，而且指甲缝里还有污垢。但为了不惊扰其他客人用餐，他并没有将他的不适说出来，只是自此以后，李先生再也没有去过这家酒店。由此可见，塑造适应所处场合的职场形象非常重要。

（二）塑造职场形象要适应个人特点

　　很多女性员工习惯把自己打扮得清纯可人，留清干挂面式的发型，穿带花边的衣服，戴帽子或围巾等；在运用肢体语言时，一说话就挠头，或一说话就抠手指。这种着装和肢体语言在职场中会被认为不成熟，从而使员工难以得到重要的工作岗位，影响职业生涯的发展。但也不能把自己打扮得过于老成。对于女性员工和管理者来说，装扮得典雅大方才能赢得别人的尊重，要远离性感、妩媚、华丽，裙子不能太短，着装不要过于暴露。发型对女性十分重要。如果希望显得老成些，最好不要留齐刘海，可以稍微斜一点儿。如果觉得长发很难打理，建议把头发剪短，这样可以显得干练利索，更具典范性，容易树立权威。女性员工最好不要散发，因为一方面容易起静电，另一方面容易掉下来，拨头发等动作会分散谈判对象的注意力。所以，女性最好盘发或束发，且束发不能太高，也不能束马尾辫。

错误示范（1）

（三）塑造职场形象要适应约定俗成的各种规范

宴会上，一个女孩子特别引人注目，她的手上戴了四枚戒指：一枚绿色的翡翠，一枚黑色的玳瑁，一枚咖色的玛瑙，一枚彩色的玫瑰金。耳环戴了两组：一组紫色，一组蓝色。大家都在看她，她还特得意，在会场内走来走去。确实，东西都是好东西，但放在一起却远看像棵圣诞树，近看像个杂货铺。女孩子在佩戴首饰的时候，质地色彩要相同，搭配要协调，也就是说，塑造形象一定要适应约定俗成的一些规范。

错误示范（2）

二、职场形象礼仪的特点

（一）重视你的职场形象

在这个越来越注重颜值的社会，一个人尤其是职场人士的形象将可能左右其职业生涯的发展前景，甚至会直接影响到一个人事业的成败。职场中一个人的工作能力是关键，但同时也需要注重自身形象的设计，特别是在求职、商务谈判等重要活动场合，形象的好坏将决定你的成败。

以前人们往往认为形象就只是指发型、衣着等外在的东西，实际上现代意义的形象包括仪容（外貌）、仪表（服饰、职业气质）以及仪态（言谈举止）三个方面，其中最为讲究的是形象与职业、地位的匹配。我们说一个人想要拥有好的形象，不光要把自己打扮得美丽、英俊，最主要的是要做到自身的发型、服饰、气质、言谈举止与自己的职业、地位以及性格相吻合。

（二）设计你的职场形象

所谓职场形象的设计，当然需要与你的职业特性紧密结合，而其中最重要的当然是要体现出你在职业领域的专业性。任何使你显得不够专业的形象设计，都会让人觉得你的形象不适合你的职业。

职场形象宁愿保守也不能过于前卫时尚，另外最好事先了解该企业的文化氛围，把握好特有的办公室色彩，谈吐和举止要流露出与企业、职业相符合的气质；要注意衣服的整洁干净，特别要注意尺码适合；衣服的颜色要选择中性色，注重现代感，把握积极的方向。

（三）突出你的个人风格

职场形象的功能在于交流和自我表达，在于打造个人的品牌，如果在形象设计上千篇一律，没有个性，即使穿着再得体、再职业化也是不成功的。要想打造出个人风格，首先要对自己的皮肤、相貌、体形、内在气质进行测量和分析，了解自身的优缺点，然后再针对这些细节去寻找最适合自己的形象设计，比如服装颜色、款式、质地、图案、鞋帽款式、饰品风格与质地、眼镜形状与材质、发型等。

第二节　仪容礼仪

案例导入

小丽应聘的公司即将进行最后一轮的面试，为确保万无一失，她为这次的打扮做了十足的准备。前卫的露肩衬衣、时尚的渔网丝袜、亮闪闪的项链与耳环，身上每一处都是焦点，走在路上，赚取了许多回头率，面试前，小丽觉得这样肯定能引起面试官的注意，应聘肯定能成功。况且她的对手只是一个相貌平平的女孩，学历也并不比她高，所以小丽觉得胜券在握。但结果却出乎意料，她并没有被这家公司所认可。主考官抱歉地说："你确实很漂亮，你的服装配饰也令我赏心悦目，可我觉得你并不适合我们为你提供的这份工作，我们希望看到的是专业、值得信赖的职场形象，实在很抱歉。"

仪容即容貌，由发式、面容以及人体所有未被服饰遮掩的肌肤所构成，是个人仪表的基本要素。讲究个人卫生是仪容美的关键，是礼仪的基本要求。不管长相多漂亮，服饰多华贵，如果满脸污垢，浑身异味，必然会破坏一个人的仪容美。因此，每个人都应该养成良好的卫生习惯，做到"早晚饭后勤刷牙，经常洗头又洗澡，讲究梳理勤更衣"。不要在人前"清理个人卫生"，比如剔牙、掏鼻孔、挖耳屎、修指甲、搓泥垢等，否则，不仅不雅观，也不尊重他人。与人谈话时应保持一定的距离，声音不要太大，不要对人口沫四溅。

一、发式

发式是构成仪容的重要部分。恰当的发式会使人容光焕发，充满朝气。选择的发型应该适合自己的脸型、身材、气质等。我们黄色人种的头发是直而不卷的，长而粗，颜色为黑褐色或黑色，在中国人传统的观念里，拥有一头乌黑的头发永远令人羡慕。

正确示范（1）　　　　　正确示范（2）

健康发质的特征包括：清洁，没有头皮屑，滋润，有弹性，不油腻，柔软蓬松。形态正常，易梳理，有光泽，色泽均一，疏密适中，生长分布均匀。自然健康的头发给人的感觉是既强韧又柔软的，无论干燥或潮湿都不容易打结。头发可根据干燥及油腻程度分为中性、油性、干性。选择适合自己的洗发水，养成勤洗发的好习惯，正确洗发、干发、护发，才能拥有令人称羡的头发。在职场中，我们的头发在整洁、干净的基础上，还要求不剪夸张的发型，不染夸张的颜色，男士不要留长发，女士头发过肩要扎起，不要使用夸张耀眼的发夹。

错误示范（1）　　　　　　　错误示范（2）

　　椭圆形脸：标准脸型，可以配任何发型。

　　圆形脸：发型应尽量向着椭圆型脸靠拢。额前的头发应该扎起来，不要让过长过齐的发帘遮住前额。两边的头发应服帖，不应该蓬起来。

　　方形脸：头发应该削去棱角，使脸型趋于圆润，可以将方阔的额头用头发遮住，两侧的头发可以稍长一些并且可以烫一下，以曲线的美掩盖方型脸的缺欠。

　　长形脸：应尽量选择能使脸型变宽的发型。发帘一定不要向上梳，可以适当用"刘海"掩盖前额。年轻的女生可留齐发帘。

　　倒三角形脸：发型应尽可能隐藏过宽的额头，增加脸下部的丰满度。

　　菱形脸：应使两侧头发密一些，用"刘海"遮住前额。建议使用蘑菇式发型。

　　高瘦型：不宜将头发剪得太短或将头发高高盘于头上。可以留长发、直发或大波浪的卷发。

　　矮小型：不宜留披肩的长发。发型的设计应从增加身高的角度来考虑。可剪成超短式，或将头发高盘于头顶，给人一种向上提的感觉。

　　高大型：以短直发为主，也可使用大波浪的卷发。

　　矮胖型：不宜留披肩发，头发也不可烫得过于蓬松，应留轻便的运动式或将头发盘起，将脖子露出，这样可以从视觉上增加一定的高度。

椭圆形脸 　　　　　　　圆形脸 　　　　　　　方形脸

长形脸 　　　　　　　倒三角形脸 　　　　　　　菱形脸

二、面容

面部整洁（1） 　　　　　　　面部整洁（2）

修饰面容，首先要洗脸，使之干净清爽，无油污、无汗渍、无泪痕、无不洁之物。每天除了早晚洗脸，午休后、用餐后、出汗后、劳动后、外出后，最好都要洗脸。保持面部的清洁是日常最重要的工作，其中还包括牙齿的清洁。

（一）皮肤的分类及护理

1. 干性皮肤

（1）特征：毛孔细小，几乎看不见，肌肤表面不泛油光，呈现哑光状态。容易形成细碎的干纹，尤其以眼部、唇部的四周最为明显。干性皮肤容易产生紧绷感，甚至有脱皮的现象，在洁面之后通常有较长时间的紧绷感。

（2）优点：干性皮肤由于毛孔细小，所以肤质细腻。出油少，也不易吸附污垢，不大会有不清洁的感觉和黑头粉刺的困扰。如果干性肌肤及早注重保养，肤质看起来会细腻而干净。

（3）困扰：干性皮肤容易产生紧绷感，皮肤缺乏光泽，容易脱皮。由于长时间缺水，干性肌肤还会比其他肤质更容易产生干纹、细纹，更容易松弛老化。干性肌肤的角质层比较薄，所以容易受到刺激，容易过敏和产生色斑。

（4）保养重点：干性皮肤从洁面到保养的每一步都要注意保湿、滋润。同时，干性皮肤的肌肤娇嫩，要注意选择温和的护肤品。干性肌肤注意不要过多去除角质层。同时要做好防晒措施，避免产生小斑点和光老化。

　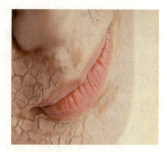

干性皮肤（1）　　　　　　　干性皮肤（2）

2. 油性皮肤

（1）特征：在脸部的大部分区域，毛孔都显得粗大，容易满脸油光，肤质看上去有些粗糙。通常洗完脸没有紧绷感，而且2~3小时就有油腻感了，容易受黑头、粉刺和痘印的困扰。油性皮肤的形成是因为皮脂腺过度亢奋，分泌过量油脂导致的。通常青春期的肌肤会偏油，熬夜以及压力大也可能导致偏油。

（2）优点：油性皮肤出油多，皮肤有了这层天然保湿屏障，可以帮助表层的皮肤留住水分，免受环境中干燥因素的侵害，也就不容易有干纹细纹出现了，所以油性皮肤比其他肤质更饱满，不显老。

油性皮肤

（3）困扰：油性皮肤通常油光满面，有油腻不干净的感觉，多余的油分容易吸附死皮和污垢，造成毛孔堵塞，易产生黑头、粉刺、暗疮等问题。另外随着年龄的增长，皮肤内部的保湿因子逐渐流失，因此油性皮肤也需要清爽的保湿。

（4）保养重点：除了脸部的日常清洁外，不要忘记做去角质及敷面的工作，同时面膜和爽肤水对于皮肤的深层清洁，收敛毛孔也是非常重要的，不仅可清除油脂，还可抑制油脂的形成，平时的保养要注意控油和保湿两者兼顾。

清洁皮肤

3. 混合性皮肤

（1）特征：这是最常见的肤质。因为青春期之后大多数人的皮肤看起来都很健康且质地光滑，唯在 T 字区（额头、鼻子的区域）有些油腻，而两颊不太油腻甚至紧绷，混合性肤质又有两类，通常会随着季节而转换。例如，在夏季会混合性偏油，但在冬季又会混合性偏干。混合性偏干是指中间 T 区较油，毛孔粗大，而两颊偏干，会有紧绷感，通常眼睛周围有干纹。混合性偏油是指中间 T 区较油，毛孔粗大，但两颊出油不多，也不紧绷，感觉比较舒适的肤质。

（2）优点：混合性皮肤既不太油也不太干。

（3）困扰：混合性皮肤的 T 区和两颊的护理需求不一样，有时甚至是两种对立的需求，混合性皮肤容易产生粉刺、暗疮等问题。

（4）保养重点：需要平衡 T 区和两颊的保养需求，或者区别护理。混合性皮肤也要注意清洁毛孔，预防粉刺。春、夏两季混合性皮肤容易变得油腻，须保持皮肤清爽及收敛毛孔；秋、冬季节则须加强滋润、保湿。

混合性皮肤

	油性皮肤	干性皮肤	混合性皮肤
护理要点	①减少油脂，缩小毛孔； ②去除角质并提供水分	避免过多的洁面，提供油分和水分	给脸部的不同部位选择相应的化妆品
洁面	①重复、彻底洁面； ②使用适合油性皮肤的护理产品； ③每周使用两次有去角质作用的深层洁面产品	使用乳霜、乳液等温和性质的洁面品，减少对皮肤的刺激	①在重复洁面时，要细心洗护T区； ②在T区定期使用控油面膜
日常护理	使用具有控制皮脂腺分泌以及收缩毛孔的产品	①使用以保湿为主的护肤品； ②眼周、嘴周使用专用护肤品	T区使用油分含量少的护肤品，其余部分使用具有保湿功能的护肤品
特别护理	①黏土面膜； ②用热毛巾敷面膜配合按摩，这种方法对于去除油脂非常有效	使用乳液性质的补水面膜	①用营养乳液进行按摩； ②柑橘面膜、黏土面膜、麦饭石面膜

保养重点

4. 中性皮肤

（1）特征：看起来毛孔细小，皮肤有通透感，健康并且质地光滑，有均衡的油分和水分，很少有黑头及痘痘，通常不油也不紧绷。

（2）优点：中性皮肤是最理想的肤质，通常青春期以前的儿童拥有这种肤质，青春期之后的成人，很少是这种肤质。

（3）困扰：夏季T字部位略为油腻，冬季略干。完美的状态很容易受到忽略，疏于保养，随着年龄的增长，很快转变为干性。

（4）保养重点：给予皮肤基础的日常保养，注重保湿，加强防晒。

5. 敏感性皮肤

（1）皮肤特征：敏感性皮肤是一种问题性皮肤，任何肤质中都可能有敏感性肌肤。敏感性皮肤看上去皮肤较薄，容易看到红血丝（扩张的毛细血管）。如果过冷或过热，皮肤都容易泛红，发热。敏感性皮肤是一种容易受环境因素、季节变化及护肤品刺激的皮肤，通常有遗传因素，并可能伴有全身的皮肤过敏。

（2）困扰：受外界刺激易出现泛红、发热、瘙痒、刺痛等症状，严重时甚至会出现红肿和皮疹，还有肤色不均的烦恼，炎症退去容易留下斑点或印痕。

（3）保养重点：注重保湿等基本保养。增加皮肤含水量可以加强皮肤的屏障功能，提高皮肤的抵抗力，减少外界物质对皮肤的刺激。

（二）脸型的分类及修饰

人脸是立体感非常强的六面体，人的容貌各有千秋，但面部的比例是有共性的。比如说，有的人五官的各组成部分分开看都很标准、很漂亮，但组合在一起看，效果则千差万别。这就是五官的分布和比例问题。在美学上，五官分布的黄金分割率被称为"三庭五眼"。

三庭：从发际线到下颏线横向可分为上庭、中庭、下庭三个等分。

上庭：上发际线至眉线。上庭长的人的发型适合留刘海。

中庭：眉线至鼻底线。中庭的长短可靠化妆修饰。

下庭：鼻底线至下颏线。下庭长的人要扩大上半部分的发型。

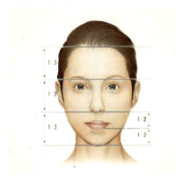

三庭比例示意图　　　　　　　　五眼比例示意图

五眼：以一只眼睛的长度为衡量标准，在面部横向分为五等分，即从正面看脸的宽度纵向分为五等分。右耳到右眼外眼角的距离＝右眼长＝两眼间距＝左眼长＝左眼的外眼角到左耳的距离。

为了掌握人物脸型的个性特征，一般用"田、由、国、用、目、甲、风、申"八个汉字来形容人物头部的基本形状。这几种脸型的优缺点与修饰方法分别如下。

长形脸：有目字型、甲字型，这种脸型是较理想的脸型，优点是立体感强；缺点是略显单薄、不稳重。这虽然是一种较好的脸型，但由于脸的横向略显单薄，发型设计也应横向拓宽脸型，如使脸颊两侧的头发蓬松；适当留刘海儿，这样可以缩短脸的纵向长度。化妆时应注意横向拓宽脸型，使脸型略显丰满。眼影在外侧可做修饰，颊红的起笔位置应略低。

圆形脸：有田字型、由字型，这种脸型给人以单纯可爱的感觉，但骨感不强，缺乏立体感，多见脖颈较粗，所以发型设计应加高顶部发型的高度，使头顶蓬松，两侧的头发要尽量服帖，发型底部收拢发角，发流的取向不能外翻。化妆时外轮廓与内轮廓应不相同，做到内浅外深，加强骨感，使圆形脸的纵向比例拉长。

菱形脸：又称申字型脸，这种脸型骨感强，显得严肃，容易增加年龄感，缺乏女性温柔美。搭配发型时切忌再选择菱形发型，注意收缩面颊部头发的蓬松度。适合留刘海儿，适宜留直长发。化妆时，应注意颧骨位置阴影色的收缩，颊红从颧骨最高点成环状画在颧骨处，收缩延长的部分。

方形脸：有国字型、用字型、风字型，这种脸型显得沉稳、平均，但不生动，比较呆板。在搭配发型时，使发型在内轮廓对面部有所遮挡，以减弱方形脸方正的感觉。发型搭配上可以加强动感，可以剪成不对称的发式，或修剪成斜向的刘海儿，改变呆板的感觉。切忌剪成齐耳短发。化妆时，收缩下颌角，加高眉的位置，增加面部活跃的气氛，纵向拉长面部比例，颊红位置应偏高。

	特点	搭配类型	搭配饰品
椭圆形脸	椭圆形脸有时会显得缺乏个性，但它能根据不同的年龄展示良好的形象	设计发型时，千万不要留长发，要展示自然的类型。无论是强调脸部两侧的发型还是松散地扎个辫子，都会带来很好的效果	适合椭圆形脸的饰品有项链、耳环、围巾等。只要这些饰品不是特别长，大体上都适用。搭配服装时，应选择高领和翻领，而不合适穿低领的服装

续表

	特点	搭配类型	搭配饰品
圆形脸	通过发型设计，又圆又宽的脸型可以表现出修长的感觉	这种脸型的人适合选择露出前额或者遮盖脸部两侧的类型，头发不宜过长，也不宜过短	适合圆形脸的饰品必须有质感，不宽但要有棱角。为了塑造出轮廓清晰的形象，宜选 V 领或者低领的服装
长形脸	要想让长形脸的人显得柔美，除了发型要有垂直感之外，还需要注重横向的修饰	不宜留披肩长发，短发反而更适合这类脸型，尽可能不要将头发中分	佩戴饰品时，不宜佩戴紧勒脖子的项链，不宜佩戴较长的耳环，紧贴型的耳环反而更适合。适合搭配曲线领口和领口柔和的服装，可以塑造出柔美的女性形象
方形脸	对于这种下颌有棱角的脸型，在设计发型时，应尽量展现出温柔感	可以选择长发，头发长度以到下颌为佳。在头顶部位加入重量感，前额做成柔美的波浪式	在饰品选择上，不宜选择显眼的饰品，也不宜选择蓬松和过宽的饰品。可选用 V 领或者 U 领服装，通过领口柔美的线条来弥补下颌所带来的生硬感，从而塑造出柔美的形象
倒三角形脸	这种脸形的人额头较宽，而下颌较尖。要想脸部上下均衡，必须柔美地修饰下颌	在发型设计上，应该尽可能把头发留到下颌部或者披肩位置，额头不宜暴露过多	选饰品时，不宜选择过长的饰品。服装的领口可选择表现温柔感的圆领
菱形脸	下颌曲线显得锐利，颧骨突出，给人比较严厉的形象。在发型设计过程中，需要掩饰棱角，缩短两腮的间距，塑造出柔美的形象	修饰额头两侧的头发比修饰前额的头发效果更好	选择饰品时，可以利用围巾削弱脸部棱角。服装的领口应选择给人以柔和感的圆领

脸型搭配

（三）重点部位的修饰

眼睛：主要指眼部分泌物的及时清理问题。若眼睛患有传染病，应自觉回避社交活动，以免给他人带来困扰。如感到自

眼睛

己的眉形或眉毛不雅观，可进行必要的修饰。

耳朵：在洗澡、洗头、洗脸时，注意清洗耳朵。必要时，可以清洗耳孔中不洁的分泌物，但不可在他人面前做。耳毛过长时，应对其进行修剪。

鼻子：平时应注意保持鼻腔清洁，不要让异物堵塞鼻孔，或是让鼻涕流出来。不要随处吸鼻子、擤鼻涕，更不要在他人面前挖鼻孔。鼻毛过长时应及时进行修剪。

嘴巴：牙齿洁白，口腔无味，是修饰上的基本要求。要做好这一点，一要每天定时在饭后刷牙，以去除异味、异物；二要经常采用漱口水、洗牙等方式保护牙齿；三要在重要应酬之前忌食烟、酒、葱、蒜、韭菜、腐乳之类气味刺鼻的东西。人体之内发出的所有声音，如咳嗽、清嗓、哈欠、喷嚏、吐痰、放屁、打嗝，都是不雅之声，在社交场合应当禁止出现。需要指出的是，禁止异响，重在自律，而不必强求于人。在大庭广众之下，若他人不慎发出了异响，最明智的做法是视而不见。若自己不慎发出了异响，不要显得若无其事，要尽快道歉。

嘴巴

胡须

胡须：男士若无特殊宗教信仰和民族习惯，最好不要蓄须，并应及时剃去胡须。青年男子最好不要蓄须，否则既稀疏难看，又显得邋遢。

手：勤洗双手，保持手部的洁净是最基本的礼貌，不能有红肿、粗糙、长疮、生癣、皲裂的现象。不留长指甲，指甲的长度不应超过手指指尖。定期清理修剪指甲，修指甲时，指甲沟附近的"爆皮"要同时剪去，不能用牙齿啃指甲。指甲要保持整洁有

手部

光泽，不要在指甲上涂颜色过于突兀的指甲油。特别值得注意的是，在任何公共场合修剪指甲，都是不文明、不雅观的举止。手部也不要有过于另

类的纹刺图案。

肩臂：着装时，肩臂的露与不露，应依照具体场合而定。在非常正式的政务、商务、学术、外交活动中，人们的手臂，尤其是肩部，不应当裸露在衣服之外。也就是说，在这些场合不宜穿着半袖装或无袖装。非正式场合不限制。

肩臂

汗毛：因个人生理条件的不同，有个别人手臂上汗毛生长得过浓、过重或过长，特别有碍观瞻，最好采用适当的方法进行脱毛。在他人面前，尤其是在外人或异性面前，腋毛是不应为对方所见的。根据现代人着装的具体情况，女士要特别注意这一点。在正式场合，一定不要穿着会令腋毛外露的服装。而在非正式场合，若打算穿着暴露腋窝的服装，则务必先行脱去或剔去腋毛。

腿部：严格地说，在正式场合是不允许光脚穿鞋的。这样既不美观，又有可能被人误会。在正常情况下，应注意保持脚部的卫生。鞋子、袜子要勤洗勤换，脚要每天洗，袜子则应每日一换。脚趾甲要勤于修剪，去除死趾甲，不应任其藏污纳垢，或者长于脚趾趾尖。在正式场合，不允许男士的着装暴露腿部，也就是说，不允许男士穿短裤。女士可以穿长裤、裙子，但也不得穿短裤，或者暴露大部分大腿的超短裙。在正式场合，女士的裙摆应过膝部以下。在非正式场合，特别是在休闲活动中，则无此规定。男士成年以后，腿部汗毛大都过重，所以在正式场合下不允许其穿短裤，或者卷起裤管。女士若因内分泌失调导致腿部汗毛浓黑茂密时，则最好脱去或剔除，或者选择深色丝袜，加以遮掩。

腿部

第三节　仪表礼仪

📋 案例导入

小诗和小意是一同进入公司的好姐妹，刚刚大学毕业的她们正是美丽动人的好年纪，初出校园，脸上还带着稚气。她俩每天最喜欢讨论的话题就是昨天又去哪逛街啦、在哪又买了什么好东西之类的。毕业之后，两人一起上班，生活习惯跟以前还是一样，却唯独在穿衣服这件事上两人有些分歧。小诗读书时就是学校的校花，夏天特别喜欢穿漂亮的短裙子，还喜欢穿吊带、短裤，带上夸张的耳环首饰，周围的人常常惊叹不已，而上班之后，她也不觉得有任何不妥，仍然按照原有的风格穿。小意总觉得不妥，工作单位毕竟还是比较重要的场所，衬衣、过膝裙是自己必备的工作着装，每天出门前，必须把自己收拾得干干净净。小意也和小诗沟通了很多次，却往往因为两人的想法不同不欢而散。随着工作时间的增长，小诗和小意的发展路径也大不一样，小诗因为夸张的穿衣风格，同事们都不太敢和她一起讨论项目，总觉得不太靠谱。反观小意，看上去就让人觉得可靠信赖，领导也十分愿意把重要的工作交给她。

一、日常工作服饰搭配

（一）服饰搭配的原则

1. 国际上公认的服饰搭配原则

"TPO"，即英文 time（时间）、place（地点）、object（目的）三个单词的缩写，什么时间、去什么地方、干什么事情决定了你要进行怎样的服饰搭配。

2. 职场中服饰搭配的原则：合乎身份，素雅大方

（1）色彩少。服饰搭配的色彩宜少不宜多，图案宜简不宜繁。切勿令服饰搭配的色彩鲜艳抢眼，图案繁杂不堪。

（2）质地好。在经费允许的条件下，应尽量选用质地精良的面料。如正装一般应选用纯毛、纯棉或含毛、含棉比例高的面料，而忌用劣质低档的面料。

（3）款式雅。服饰搭配的款式应尽量素雅庄重，不要过于前卫、招摇。

（4）做工精。虽不必选择名牌货、高档货，但对其具体做工应予以重视。

（5）搭配准。从某种意义上讲，一个人的服饰之美关键在于和谐，而服饰的和谐又主要有赖于精心的搭配。

（二）不同体型的服装选配

1. 标准体型着装

标准体型在选择服装时，应以能显出体形美为原则。

标准体型

2. 肥胖体型着装

肥胖体型不宜穿过肥或过紧的服装，也不宜穿浅颜色、横条纹、大花形、鲜艳的暖色服装，因为它们都容易给人造成脂肪过多、体态臃肿的印象。这种体型宜穿竖条纹、深颜色的服装，加上恰到好处的配饰，可使肥胖的体型显得匀称。

肥胖体型　　　　　　　　　　瘦弱体型

3. 瘦弱体型着装

瘦弱体型应尽可能使服装起到增强体形美的修饰作用，既不宜穿得太宽大，也不能穿得完全合体。因为前者会使人显得更瘦，后者则暴露出其体型缺陷。这类体型要对服装施以"膨化法"，但在饰品选择上，要相对缩小，以起到反衬的作用。

（三）不同肤色的服装选配

1. 肤色偏黑

肤色偏黑不宜选择色彩过浅的服装，如粉红色、浅黄色等。服装色彩与肤色对比强烈，肤色就越凸显。服装色彩明亮，就会显得肤色较深，反之肤色较浅。因此，此类肤色适合色调较深、纯度较高的颜色，或穿无彩色的金、银色调的衣服，慎用限量的蓝色和紫色。

2. 肤色偏红

肤色偏红忌穿鲜艳的绿色调，这种大面积的互补色对比不协调，只会使红色倾向更加突出。此类肤色适合低纯度的也就是鲜艳度略低的色彩，如浅驼色、浅蓝灰色、深灰色等，暖色调慎用。

3. 肤色偏黄

中国人虽是黄种人，但有一类人的肤色格外偏黄，这类肤色要避免使用绿色和紫色。绿色映在皮肤上成菜色，紫色是黄色的互补色，映在皮肤上会使肤色变暗。此类肤色适宜选择暖灰色调、纯度适中的蓝色调，还可以适当以鲜亮色彩来点缀。

4. 肤色偏白

偏白的肤色不宜配冷色调的纯白色，那样会显得脸色苍白、无血色；不过偏白肤色适宜的服装色范围比较宽，可以与多种色彩搭配。

二、正式场合服饰搭配

（一）男士正装搭配

西装是举世公认的国际服装，美观大方、穿着舒适，因其具有系统、简练、富有气派的风格，正发展成为当今国际上最标准、最通用的礼服，在各种礼仪场合都被广泛穿着。人们常说：西装七分在做，三分在穿。西装的穿着应合适、合地、合景。应根据场合的不同，而选穿合适的西装。

男士着装

1. 西装的分类

西装有单件上装和套装之分，套装又分两件套和三件套。非正式场合如旅游、参观、一般性聚会等，可穿单件上装配以各种西裤，也可根据需要和爱好，配以牛仔等时装裤。半正式场合，如一般性会见、访问，较高级别的会议和白天举行的较为隆重的活动时，应着套装，但也可视场合气氛选择格调较为轻松的色彩和图案，如花格呢、粗条纹、淡色的套装都不失整洁和洒脱活泼。但在正式场合，如宴会、正式会见、婚丧活动、大型记者招待会、正式典礼及特定的晚间社交活动时，必须穿着颜色素雅的套装，以深色、单色最为适宜，花格五彩图案则显得不够严肃。

西装有单排钮和双排钮之分，单排钮又有单粒扣、双粒扣、三粒扣之别，除实用功能外，还有重要的装饰和造型作用。在非正式场合，一般可不扣钮扣，以显示潇洒飘逸的风度；但在正式

标准西服着装

和半正式场合，要求将实际钮扣即单粒扣、双粒扣的第一粒，三粒扣的中间一粒都扣上，而双粒扣的第二粒，三粒扣的第一、三粒都是样钮（也称游扣），不必扣上。双排钮则有四粒扣和六粒扣之别，上面的两粒或四粒都是样扣，不必扣上。坐下时记得解开钮扣，站起时也切记扣上钮扣。

2. 西装的讲究

（1）西裤。西裤立档的长度以裤带的鼻子正好通过胯骨上边为宜，裤腰大小以合扣后抵入一手掌为标准，裤长以裤脚接触脚背最为合适。穿着西裤时，裤扣要扣好，拉锁全部拉严。西裤的裤带一般在 2.5 ～ 3 厘米的宽度较为美观，裤带系好后皮带头的长度一般要留 12 厘米左右，过长或过短都不合美学要求。

（2）衬衫。与西服配套的衬衫必须挺括、整洁、无皱褶，尤其是领口和袖口。在正式场合，必须与西装搭配穿着，（长袖）衬衫的下摆

西裤示范

必须塞进西裤里，袖口必须扣上不可翻起。不系领带时，衬衫领口可以敞开，如系领带，应着有硬领的衬衫，合领后以抵入一个手指为宜。衬衫袖子的长度以长出西装衣袖 1 ～ 2.5 厘米为宜。夏季着短袖衬衫时，一般也应将下摆塞进裤内。

衬衫领口   衬衫下摆

（3）领带。有人曾说："领带是西装的灵魂。"领带的种类有很多，大体可分为一般型领带和变型领带两种。一般型领带有活结领带、方型领带、蝴蝶结领带等；变型领带有阿司阔领带、西部式领带、线环领带等。从领带面料分，有毛织、丝质、皮制和化纤几种。从花型上分，又有小花型、条纹花型、点子花型、图案花型、条纹图案结合花型、古香缎花型等。一般在正式或半正式场合，都应系扎领带。领带的扎法也很有讲究，一般是扣好衬衣领后，将领带套在衣领外，然后将宽的一片稍稍压在领角下，抽拉另一端，领带就自然夹在衣领中间，而不必把领子翻立起来。领带最重要的部位是领结，各种不同的系法可以得到不同大小形状的领结。各人可视衬衫领子的角度选择自己所喜欢的领带系扎方法，通常领子角度较小的宜选用小巧结的扎法，而领子角度较大的宜选用大领结的扎法。但不论哪种系扎方法，领带系好后，两端都应自然下垂，上面宽的一片必须略长于底下窄的一片，绝不能相反，当然上片也不宜长出过多，致使带尖压住裤腰甚至垂至裤腰之下而不雅。如有西装背心相配，领带必置背心之内，领带尖亦不可露于背心之外。领带的宽度不宜过窄，过窄会显得小气，宽度应与人的脸型及西装领、衬衫硬领的宽度相协调。领带的长度以超出皮带扣为宜。如需使用领带夹，一般夹在第四、五个纽扣之间。此外，还有领结与领巾。领结比领带更时尚，领巾搭配比较随意。

（4）衣带。上衣两侧的两个衣袋只作为装饰用，不宜装东西。上衣胸部的衣袋用来专装手帕，而票夹、笔记本、笔等物品可置于上衣内侧的衣袋。西裤的左右裤袋和后袋同样不宜放鼓囊之物，以求臀围合适流畅，裤型美观。

衬衫领结

Step1　Step2　Step3

Step4　Step5　Step6

领结系法

（5）皮鞋。穿西装一定要配皮鞋，而不能穿布鞋、旅游鞋等，皮鞋要保持清洁，深色西服配深色皮鞋，浅色西服配浅色皮鞋，系带皮鞋是最佳之选。深色的袜子配深色的套装，浅色的袜子配浅色的套装，但千万不要用白袜子或花袜子。袜子的长度应该在坐下后，翘起二郎腿也不会露出你的小腿肌肉为佳。

西服着装中核心的三部分是西装、衬衫、领带的正确选用和穿戴，这三部分的搭配和谐，整体协调会使着装者风度翩翩、气质优雅而魅力彰显。按一般规律，深色西装配穿白色衬衫，是最合适的选择。如是杂色西装，配以色调相同或近似的衬衫，也是可以的。但带条纹的西装配以方格的衬衫，效果可能就不太理想，条条块块给人以散乱的感觉；反之亦然。总之，人们的一般思路是衬衫和衣装在色调上要成对比，西装颜色越深，衬衫越要明快。当然同时不能忘了领带的映衬作用。西装的色调稳重，

皮鞋示范

领带的颜色不妨相对明快。而西装的色调朴实淡雅，领带则必须华丽而又明亮，否则看上去会模糊不清，尤其当衬衫的颜色不明快时更应选配鲜艳的领带。不过，这也不是绝对的，假如西装与领带的色调一致，但二者在颜色上有深浅变化，成为对比色，而这种对比又是整套西装中唯一的对比，也是有特殊效果的。这里还要提醒一点的是，西装和领带的化纹（比如是条纹型）不能重复；二者衣纹不一样，也可以相配，但图案规格不宜

太大，否则看起来过于奇巧。

（二）女士正装搭配

女士正装有三种基本类型：西服套裙、修身大衣、连衣裙或两件套裙。最佳的颜色选择是纯色，但精致的方格、印花和条纹也可以接受。

标准女士正装

错误示范（1）

衬衫：颜色、款式可以多种多样，只要与套装相匹配即可。要求质地精良并熨烫平整，袖口和领口要干净整洁。不能太紧身、太透明，领口不能太低，不能露出乳沟。

裙子：短裙一定要及膝，坐下时，裙子要能完全盖住大腿，长裙不露背不吊带不低胸不无袖。无论是长裙还是短裙，既不能太紧也不能太松，要合身并且修身。

裤子：有裤线，裁剪得当，不能穿紧身裤，腰线不要太低。

内衣：要合身，整个身体的线条在内衣的修饰下应该流畅自然，还要注意内衣的颜色和轮廓不要外露。

错误示范（2）

袜子：穿裙子应配连裤袜，以黑色和肉色为主，不要太厚，不能勾丝，不要有任何图案，随身要有一双备用的。与裤装搭配的袜子要与鞋子、裤子相匹配，袜子的长度应该在坐下后，翘起二郎腿也不会露出你的小腿肌肉为佳。

袜子错误示范

鞋：以敞口高跟鞋为主，鞋跟高度为 3～4cm，正式场合不要穿凉鞋、粗跟鞋、松糕鞋或露趾鞋，鞋的颜色与衣服颜色要相匹配。

饰品：款式要简，做工要精；颜色要搭。

总而言之，女士正装的选择比男士更具个性，范围更广，最应该关注的是整体服饰搭配是否符合自身的气质、肤色、体型等。

女鞋示范

第四节　仪态礼仪

案例导入

　　某市的公立学校招聘语文老师，因学校的资质条件很好，很多国内外知名大学的毕业生趋之若鹜，报名现场人满为患。小周走进面试现场时，心里非常没底气，发现现场还有太多比自己优秀的人，已经没报太大希望。然而，面试成绩出来后，她却大吃一惊，发现自己竟然被录取了。小周等到正式报道那一天，和校长见面时，忍不住问出来："为什么会录取我啊？"何校长笑了笑，说："在那天面试排队的时候，其他人都在相互聊天或者是玩手机，或者是蹲在地上等，唯独你依旧挺直背昂着头在认真等待，让我们一眼看过去就觉得你给所有的学生树立了一个好的榜样。"就这样，小周因为小小的仪态礼仪，成功地应聘上了其他人梦寐以求的职位。

　　仪态也叫仪姿、姿态，泛指人们身体所呈现出的各种姿态，它包括举止动作、神态表情和相对静止的体态。人们的面部表情，体态变化，行、走、站、立、举手投足都可以表达思想感情。仪态是表现个人涵养的一面镜子，也是构成一个人美好外形的主要因素。不同的仪表显示人们不同的精神状态和文化教养，传递不同的信息，因此仪态又被称为体态语。

一、站姿

"站如松"。站姿是人的最基本的姿态，是培养优美仪态的起点。规范而典雅的站姿是一种静态美，是发展不同动态美的基础，规范的站姿应给人一种挺、直、高的感觉。

（一）基本站姿

要求上半身挺胸收腹，直腰，双肩平齐、舒展，双臂自然下垂。下半身双腿应靠拢，两腿关节展直，身体重心落于两脚中间，微微倾向于前脚掌，后脚跟同时用力下踩，头顶心感觉往上顶，似乎身体被拉长，有挺拔感。男性宽肩，平腹，窄胯；女性窄肩，细腰，宽胯。要求大方、自然、优雅，不能僵硬，以免看起来呆板拘谨，当然也不能过于随意，要时刻保持腿的直立和脚位的正确。

站姿示范

（二）手臂变化站姿

常用的手臂变化站姿分为垂手（臂）式、腹前握手（指）式、双臂后背式、单臂前曲式和单臂后背式。

垂手式

腹前握手式

双臂后背式

（三）脚部变化站姿

1. 立正式

两脚并拢，两膝并严，两手可自然下垂，通常在正式的场合示礼前以

立正式

及各种场合的预备姿态时采用此种站姿，男女均适用。

2. 扇形式

要求：两脚跟靠拢，脚尖张开呈 45°~60°，身体重心在两脚上，男女均可适用。

3. 分腿式

要求：两脚左右分开，与肩同宽，脚尖朝前且两脚平行，双手可交叉于前腹，通常男子采用此种站姿。

分腿式

丁字步式

4. 丁字步式

两脚尖略展开，一脚向前，将脚跟靠于另一脚内侧中间位置，腰肌和颈肌没有拧的感觉；男子可一手前抬，一手侧放，也可一手侧放，一手后放；女子可两手交叉于腹前，身体的重心可在两脚上，也可在一只脚上，通过两脚的重心转移减轻疲劳。

（四）站姿的禁忌

（1）忌头歪、肩斜、胸凹、腹凸、背弓、臀撅、膝屈。

（2）忌双腿叉开超过双肩，双脚乱动或交叉地站立。

（3）忌将手插在裤袋里，或交叉在胸前，那样会给人一种敌对的感觉，貌似盛气凌人。

（4）忌自由散漫，无精打采或下意识地做些小动作，那样会显得拘谨，缺乏自信。

错误示范（1）　　　　　　　错误示范（2）

二、坐姿

"坐如钟"。坐姿是一种可以维持较长时间的工作劳动姿势，也是一种主要的休息姿势，更是人们在社交、娱乐中的主要身体姿势。良好的坐姿不仅有利于健康，而且能塑造沉着、稳重、文雅、端庄的个人形象。

1. 标准坐姿

（1）精神饱满，表情自然，目光平视前方或注视交谈对象。

（2）身体端正舒展，重心垂直向下或稍向前倾，腰背挺直，臀部占坐椅面的 2/3。

（3）双膝并拢或微微分开，双脚并齐。

（4）两手可自然放于腿上或椅子的扶手上。

除基本坐姿外，由于双腿位置的改变，也可形成多种优美的坐姿，如双腿平行斜放，两脚前后相掀，或两脚呈小八字形等，都能给人舒适优雅的感觉。如要架腿，最好后于别人交叠双腿，女子一般不架腿。无论哪种坐姿，都必须保证腰背挺直，女性还要特别注意使双膝并拢。

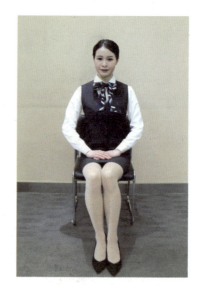

男性基本坐姿　　　　　　　　　　　女性基本坐姿

后掖式　　　　　　　　　　　　　交叉式

2. 入座、离座

（1）从椅子后面入座。如果椅子左右两侧都空着，应从左侧走到椅前。

（2）不论从哪个方向入座，都应在离椅前半步远的位置立定，右脚轻向后撤半步，用小腿靠椅，以确定位置。

（3）女性着裙装入座时，应用双手将裙装后摆向前拢一下，以显得娴雅端庄。

（4）坐下时，身体重心徐徐垂直落下，臀部接触椅面要轻，避免发出声响。

（5）坐下后，双脚并齐，双腿并拢。

（6）离座时则宜从椅子的右边离去，也较顺应人体的活动习惯。起身后，优雅地站立，右脚向椅子右方迈出，左脚跟随其后，然后右脚向左脚并拢，双手扶椅背将椅子靠回桌旁。

3. 坐姿的禁忌

（1）不要抢座，频繁变换坐姿。

（2）双腿不能抖动，脚尖不能伸出过远，脚尖朝上。

（3）不可将整个人堆入沙发里。女士不可将双膝分开，或大腿并拢而小腿分开。

（4）双手抱在胸前或脑后，或夹于大腿中间。

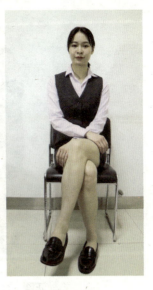

错误示范

三、走姿

"行如风"。走姿是人体所呈现出的一种动态，是站姿的延续。走姿文雅、端庄，不仅给人以沉着、稳重、冷静的感觉，而且也是展示自身气质与修养的重要形式。每个人都有表现自己个性的步态，总的要求是轻盈、稳健。起步时上身略向前倾，身体重心放在前脚掌上。行走时双肩放松、展开。头端正，目光平视，下颌微收。挺胸收腹，腰背要直，步幅适当，一般是前脚的脚跟与后脚的脚尖相距为一脚长。行走时，脚不宜抬得过高，也不宜过低，以免脚底与地面产生摩擦。

（一）基本要领

1. 步姿

行走时，上身稍向前倾，两臂自然前后摆动，两手自然弯曲，昂首、挺胸、收腹、提腰，上身不动，两肩不摇，重心在大脚趾和二脚趾上，若腹部上提，更显神采奕奕。男子昂首、闭口、平视前方，两臂摆幅38°～40°，女子要头正、目光平视，上身自然挺直，收腹，两手前后摆动幅度要小，以含蓄为美；脚步要干净利落，不可拖泥带水或行走带响。

正确示范（1）　　　　　　　　正确示范（2）

2. 步位

步位即脚落地时的位置，理想的行走路线是一条直线。男子行走时，两脚跟交替行进在一条直线上，脚步稍外展，其脚尖可偏离中线 10°，两脚间横向距离约 3 厘米；女子两脚要踏在一条直线上，脚尖稍外展。在行走过程中，膝盖的内侧和脚踝的内侧应有磨擦感。

3. 步度

步度即两步之间的距离，通常以一步为宜，男子走路的步度要大于自己的一个脚长，女子穿不同的服饰走路时要小于自己的一个脚长。

4. 步速

步速即一个人行走的速度，通常取决于人的兴奋程度。兴奋程度高，动作就积极，走路的速度也就越快，反之就迟缓；行进过程中，全身各个部分的动作要相互协调、配合，表现得轻松自然，速度要均匀、不要忽快忽慢，正常情况下，步速应自然舒缓，显得成熟自信。一般而言，行走的速度标准为：男子每分钟走 108 ~ 110 步，女子每分钟走 118 ~ 120 步。

（二）走姿禁忌

（1）方向不定，忽左忽右，变化多端，手插口袋。

（2）摇晃肩膀，低头驼背，扭腰摆臀。

（3）瞻前顾后，左顾右盼。

（4）速度多变，忽快忽慢。

（5）脚蹭地面，发出声响。

（6）忌内八字和外八字步伐。

四、蹲姿

在日常生活中，人们对掉在地上的东西，一般习惯弯腰或蹲下将其捡起，而身为办公室白领，也像普通人一样采用随意弯腰蹲下捡起的姿势是不合适的。蹲姿是人处于静态时的一种特殊体位。

1. 蹲姿要领

下蹲时一脚在前，一脚在后，两腿向下蹲，前脚全着地，小腿基本垂直于地面，后脚脚跟提起，脚尖着地。女性应靠紧双腿，男性则可适度地将其分开。臀部向下，基本上以后腿支撑身体。

2. 蹲姿禁忌

（1）不要突然下蹲。

（2）不要有弯腰、臀部向后撅起的动作。

正确示范（1）

正确示范（2）

错误示范

（3）不要东张西望，捡东西时走到东西旁再蹲下。

（4）不要两腿叉开平衡下蹲。

五、手势

手的姿势，通常称作手势。它是人类最早使用的、至今仍被广泛运用的一种交际工具，是人类表情达意的最有力的手段，在体态语言中占有重要的地位。我们要学会在加强口头语言的表达效果时使用手势语，这样可以使语言表达更加生动活泼，更富有感染力。手势语包括情意手势语（使某种情感形象化）、形象手势语（以手势状物）、指示手势语（指点具体方位和对象）、对象手势语（以手势动作表现抽象事物）。原则是手势明确、面带微笑、目光与对方有交流，态度恭敬而友好。

正确示范（1）　　　　正确示范（2）

1. 常用手势

常用手势有：①横摆式；②双臂横摆式；③前摆式；④斜摆式；⑤直臂式。

2. 手势禁忌

（1）将手指指向别人，或将拇指指向自己的鼻尖，意味着自大或藐视对方。

（2）不宜掌心向下挥动手臂，勾动手指招呼别人，双手叉腰，指手画脚。

错误示范

（3）不宜折压手指发出声响，打响指，用手指点人数等。

六、面部表情

1. 眼神

眼睛处于面部最突出的部位，是人的面部最重要的情感表达渠道，时时都在传递着丰富的信息。目光交流处于人际交往的重要位置。人们相互间的信息交流，总是以目光交流为起点。目光交流发挥着信息传递的重要作用。故有所谓眉目传情一说。目光要自然真诚，既不能太冷淡，也不能太热情，否则会给人冷漠或虚假的感觉；同时眼神与对方要有交流，不能"目中无人"或眼神游离不定。

（1）与人见面时，不论是陌生的还是熟悉的，不论是偶然相遇还是如期约会，首先都要睁大眼睛，目视对方，面带微笑，表现出喜悦和热情。

（2）与人交谈时，不要不停眨眼，不要眼神飘忽，不要怒目圆睁，不要目光呆滞，不要直接盯住对方眼睛。最忌讳死盯住对方或逼视、斜视、瞟视，这会使对方产生不舒服的感觉。与人交谈时应始终保持目光接触，表示对对方很尊敬，对交谈的话题感兴趣。应以对方面部中心为圆心，肩部为半径，作为目光交流的范围。随着话题、内容的变换，目光应做出及时恰当的反映，或喜，或惊，用目光会意，会使整个交谈融洽有趣。在正确把握目光交流的同时，还要学会读懂对方目光所传达的信息，了解其内心活动。目光与表情和谐统一，表示专注，谈兴正浓。目光游离不定，表示不感兴趣。目光斜视表示鄙夷，呆视表示惊讶。

（3）集会、演讲之前，要学会用目光环视全场，表示"请注意，我要开讲了"。

2. 笑容

笑的时候可以微微露齿，也可以笑不露齿。首先额头肌肉进行收缩，使眉位提高，眉毛略微弯曲成弯月形。其次，双颊肌肉用力向上抬起，嘴里发出"一"的声音，用力抬高嘴角两端，但要注意下唇不要用力太大；或唇形稍微弯曲，嘴角稍稍上提，双唇紧闭，不露牙齿，使面部肌肤看上去充满笑意。最后，自觉地控制发声系统，一般不应发出笑声。

眼睛的笑容有"眼形笑""眼神笑"。后者在人际交往中最能产生互动效应，其练习方法是取一张厚纸遮住眼睛下边的部位，对着镜子，运用"情绪记忆法"，将生活中的某些令人愉快的事情储存在记忆中，在练习微笑时反复回忆当时的事情，眼睛之中便会露出自然的微笑，然后再放松面部肌肉，嘴唇恢复原样，目光中仍保留脉脉的笑意，这就是眼神在笑，它

微笑示范

会使人感到温暖与亲切。

📝 延伸阅读

[1] 廖欣.大学生礼仪素养存在问题及对策研究[C]//北京中外软信息技术研究院.第二届世纪之星创新教育论坛论文集.北京:世纪之星杂志社,2015(3):31.

[2] 张娟.中国礼仪文化在民航服务中的体现[J].现代交际,2018(1):221 - 222.

[3] 王岚.懂礼仪,好营销[J].营销界(农贸与市场),2013(2):88 - 89.

[4] 夏莉,钱春霞,王慧媛.浅谈职场礼仪培训与个人魅力提升关系[J].商,2015(31):39.

[5] 陈敏.论公务员的礼仪修养:从中国传统礼仪的视角[J].福建金融管理干部学院学报,2009(5):60 - 64.

[6] 李昀.形象决定未来[M].桂林:漓江出版社,2010.

[7] 刘思宇.你的形象就是你的价值[M].北京:中国时代经济出版社,2006.

[8] 毕文杰.你的职场礼仪价值百万[M].北京:中国画报出版社,2012.

第 三 章

职场言谈礼仪

　　言谈作为一门艺术，也是个人礼仪的一个重要组成部分。在人与人交往过程中，我们需要通过言谈来沟通，语言即是沟通的工具。人类学家把语言当作文化行为的模式，社会学家把语言当作社会群体成员之间的交互行为，文学家把语言当作艺术媒体，哲学家把语言当作解放人类思想的手段，语言教师把语言当作一套技能。卡耐基说："一个人的成功约有15%取决于技术知识，85%取决于口才艺术。"这就阐明了说话水平的高低，已成为一个人的生活及事业优劣成败的关键因素。

第一节　言谈礼仪概述

案例导入

《千里送鹅毛》的故事发生在唐朝。当时，云南一少数民族的首领为表示对唐王朝的拥戴，派特使缅伯高向太宗贡献天鹅。

路过沔阳河时，好心的缅伯高把天鹅从笼子里放出来，想给它洗个澡。不料，天鹅展翅飞向高空。缅伯高忙伸手去捉，只扯得几根鹅毛。缅伯高急得捶胸顿足，号啕大哭。随从们劝他说："已经飞走了，哭也没有用，还是想想补救的方法吧。"缅伯高一想，也只能如此了。

到了长安，缅伯高拜见唐太宗，并献上礼物。唐太宗见是一个精致的绸缎小包，便令人打开，一看是几根鹅毛和一首小诗。诗曰："天鹅贡唐朝，山高路途遥。沔阳河失宝，倒地哭号啕。上复圣天子，可饶缅伯高。礼轻情意重，千里送鹅毛。"唐太宗莫名其妙，缅伯高随即讲出事情原委。唐太宗连声说："难能可贵！难能可贵！千里送鹅毛，礼轻情意重！"

语言是社会交际的工具，是人们表达意愿、思想感情的媒介和符号。语言也是一个人道德情操、文化素养的反映。在与他人交往中，如果能做到言之有礼，谈吐文雅，就会给人留下良好的印象；相反，如果满嘴脏话，甚至恶语伤人，就会令人反感讨厌。说话本身是用来向人传递思想感情的，说话时的神态、表情必须做到诚恳和亲切，才能使对方对你的话语产生表里一致的印象。多用敬语、谦语和雅语，才能体现出一个人的文化素养以及尊重他人的良好品德。无论是讲普通话、外语还是方言，咬字都要清晰，音量要适度，以对方听清楚为准，切忌大声说话；语调要平稳，尽量不用或少用语气词，使听者感到亲切自然。

一、言谈礼仪的原则

（一）真诚坦率的原则

诚恳待人是人际交往的基本原则，言谈也是如此。说话时的态度是决定言谈成功与否的重要因素，因为言谈双方在相互交流时始终都在感受对方的表情、神态，反应也极为敏感，所以一定要给对方一个认真和蔼、诚恳的感觉。言谈双方应认真对待主题，坦诚相见，直抒胸臆，不躲不藏，明明白白地表达各自的观点和看法。

（二）互相尊重的原则

言谈的双方可能身份、地位不同，但不论在任何人面前，言谈的态度都应该是坦然平等的，面对地位比自己高的人不能唯唯诺诺，手足无措，畏首畏尾；面对地位比自己低的人也不应该趾高气扬、盛气凌人。言谈中，来自对方的尊重是任何人都希望得到的。所以，谈话时，要把对方作为平等的交流对象，在心理、用词、语调上体现出对对方的尊重。尽量使用礼貌语，谈到自己时要谦虚，谈到对方时要尊重。恰当地运用敬语和自谦语，可以显示个人的修养、风度和礼貌，有助于交谈的成功。

（三）谨慎朴实的原则

古人说："敏于事，慎与言"，意思是说做事要敏捷，说话要谨慎，讲话之前应对自己要讲的话稍加思索，想好了可以说，还没有想清楚的就不要说，切不可冒冒失失，不知所云。讲话词不达意、文不对题，会给人一种浅薄之感。

二、言谈礼仪的要求

言谈是人际交流中重要的沟通手段，具有不可替代的重要作用。在言谈的基本原则基础上要注意以下几个方面。

（一）措辞谦逊文雅

措辞的谦逊文雅体现在两方面：对他人应多用敬语、敬辞；对自己则应多用谦语、谦辞。谦语和敬语是一个问题的两个方面，前者对内，后者对外，内谦外敬，礼仪自行。

（二）语音平稳柔和

一般而言，语音语调以平稳柔和为宜。我们知道，语言美是心灵美的语言表现，有善心才有善言。首先应加强个人的思想修养和性格锻炼，同时还要注意在遣词用句、语气语调上的一些特殊要求。比如，应注意使用谦辞和敬语，忌用粗鲁污秽的词语；在句式上，应少用"否定句"，多用"肯定句"；在用词上，要注意感情色彩，多用褒义词、中性词，少用贬义词；在语气语调上，要亲切柔和，诚恳友善，不要以教训人的口吻谈话或摆出盛气凌人的架势；在言谈中，要用眼神与对方交流，带着真诚的微笑，以增加语言感染力。

（三）掌握适当的分寸

在人际交往中，哪些话该说，哪些话不该说，哪些话应怎样去说才更符合人际交往的目的，这都是言谈礼仪应注意的问题。一般来说，善意的、诚恳的、赞许的、礼貌的、谦让的话应该说，且应该多说。恶意的、虚伪的、贬斥的、无礼的、强迫的话语不应该说，因为这样的话语只会造成冲突，破坏关系，伤及感情。有些话虽然出自好意，但措辞不当，方法不妥，好话也可能引出坏的效果。所以，语言交际时，我们必须对说的话进行有效的控制，掌握说话的分寸，才能获得好的效果。

（四）回避隐私问题

在一般的交谈时要坚持"六不问"原则：年龄、婚姻、住址、收入、经历、信仰，属于个人隐私的问题，在与人言谈中，不要好奇询问，也不要问及对方的残疾和需要保密的问题。在谈话内容上，一般不要涉及疾病、死亡、灾祸等不愉快的事情；不谈论荒诞离奇、耸人听闻、黄色淫秽的事情。与人言谈，还要注意亲疏有度，"交浅"不可"言深"，这也是一种交际艺术。

（五）姿态得体大方

言谈时除注意语言美、声音美之外，姿态美也很重要。首先要做到的是双方应互相正视、互相倾听，不要东张西望，左顾右盼。交谈过程中，眼睛不应长时间地盯住对方的某一位置，让人感到不自在。交谈姿态不要懒散或面带倦容，哈欠连天，也不要做一些不必要的小动作，如玩指甲、弄衣角、搔脑勺、抠鼻孔等。这些小动作显得猥琐，不礼貌，也会使人感到你心不在焉，傲慢无礼。

第二节　直接言谈

案例导入

古代的时候，有一个男人，他想要去一座寺庙，于是来到了一个陌生的城镇。走着走着，他发现自己迷路了，不知道该往哪里走。这时，他身边刚好有一个老伯伯路过，他一把挡在老伯伯面前，大声吼道："喂，老头儿！快告诉我寺庙在哪里！还有多远啊！"老伯伯看了看他，平静地说："无礼（五里）。"于是那个男人往前走了五里，可是还看不到他想去的那座寺庙。这时候，他寻思着老伯伯的话，突然明白了什么……

直接言谈是指面对面的言谈。在语言方面，言谈的总体要求是：文明、礼貌、准确。语言是组织言谈的载体，言谈者对它理当高度重视、精心斟酌。

一、直接言谈的语言

从事不同职业的人，都使用着具有职业特点的语言，外交家善于外交辞令，戏剧家习惯运用舞台语言，教师熟练掌握课堂用语，这些语言的产生和运用都与职业特点有关，但语言礼貌是无论什么职业的人都应该具备的。语言是人们交流思想、达到相互了解的工具，也可以说是思想的外壳。通过人的语言，我们可以看到一个人的精神境界、道德情操、志向爱好等。优美、文雅的语言是职场言谈的一项重要内容。礼貌是人们在频繁的交往中彼此表示尊重与友好的行为规范。礼貌用语则是尊重他人的具体表现，是友好关系的敲门砖。人的潜意识里可能都渴求别人的尊重和赞赏，于是产生了礼貌。多说客气话不仅是对别人的尊重，而且表明自己有修养；多用礼貌用语，不仅会使双方交谈的气氛变得融洽，而且有益于交际。

（一）礼貌用语的原则

1. 目的性原则

在人际交往中使用语言的目的：一是传递信息，表达情感；二是引起注意，唤起兴趣；三是取得信任，增进了解；四是进行鼓励；五是予以说明，或加以劝告。在职场中运用礼貌用语时，必须目的明确，不可胡言乱语。

2. 对象性原则

在职场中要接触不同的对象，因此礼貌用语务必区分对象，因人而异，切忌千篇一律。

3. 诚实性原则

在应用职场言谈时，一是语言的具体内容力求"真、善、美"，千万不可虚情假意，欺骗客人。二是在语言的表达形式上力戒形式主义、花架子。

4. 适应性原则

职场言谈的应用都有特定的环境，要求运用礼貌用语时一定要兼顾和适应当时的具体语言环境以及交往双方的情绪变化。

（二）礼貌用语的作用

在职场言谈中多使用礼貌用语，是博得他人好感与体谅的最为简单易行的做法。例如，初次见面，要说"久仰"；许久不见，要说"久违"；客人到来，要说"光临"；等待客人，要说"恭候"；探望别人，要说"拜访"；起身作别，要说"告辞"；中途先走，要说"失陪"；请人勿送，要说"留步"；请人批评，要说"指教"；请人指点，要说"赐教"；请人帮助，要说"劳驾"；托人办事，要说"拜托"；麻烦别人，要说"打扰"；求人谅解，要说"包涵"；等等。在职场中，尤其有必要对下述礼貌用语经常加以运用，并且多多益善。

一是"您好"。"您好"，是一句表示问候的礼貌语。遇到相识者与不相识者，不论是深入交谈，还是打个招呼，都应主动向对方先问一声"您好"。若对方先问候了自己，也要以此来回应。在有些地方，人们惯以"你吃饭了没有""最近在忙什么""身体怎么样""一向可好"等来打招呼或问候他人，但它们都没有"您好"简洁通用。

二是"请"。"请"，是一句请托礼貌语。在要求他人做某件事情时，居高临下、颐指气使不合适，低声下气、百般乞求也没有必要。在此情况下，多用上一个"请"字，往往就可以逢山开路、遇水架桥，赢得主动，并得到对方的照应。

三是"谢谢"。"谢谢"，是一句致谢的礼貌语。每逢获得理解、得到帮助、承蒙关照、接受服务、受到礼遇之时，都应当立即向对方道一声"谢谢"。这样做，既是真诚地感激对方，又是对对方的一种积极肯定。

四是"对不起"。"对不起"，是一句道歉的礼貌语。当打扰、妨碍、影响了别人，或是在人际交往中给他人造成不便，甚至给对方造成某种程度的损失、伤害时，务必要及时向对方说一声"对不起"。这将有助于大事化小、小事化了，并且有助于修复双方的关系。

五是"再见"。"再见"，是一句道别礼貌语。在交谈结束、与人作别之际，道上一句"再见"，可以表达惜别之意与恭敬之心。

（三）职场言谈的禁忌

1. 禁忌

（1）脏话。讲脏话，即口带脏字，讲起话来骂骂咧咧，出口成"脏"。讲脏话的人，非但不文明，而且属于自我贬低，十分低级无聊。

（2）粗话。有人觉得自己并没有说脏话，只是为了显示自己为人粗犷，出言必粗，这在职场中是很失身份的。

（3）黑话。黑话，即流行于黑社会的行话。讲黑话的人，往往自以为见过世面，可以吓唬人，实际上却显得匪气十足，令人反感厌恶，难以与他人进行真正意义上的沟通和交流。

错误示范

（4）荤话。荤话，即说话者时刻把艳事、绯闻、色情、男女关系之事挂在口头，说话"带色"，动辄"贩黄"。爱说荤话，不仅证明自己品位不高，而且对交谈对象缺乏应有的尊重。

（5）怪话。有些人说起话来怪里怪气，或讥讽嘲弄，或怨天尤人，或黑白颠倒，或耸人听闻，存心以自己谈吐之怪而令人刮目相看，一鸣惊人。这就是所谓说怪话。爱说怪话的人，往往难以令人产生好感。

（6）气话。气话，即说话时闹意气、泄私愤、图报复、发牢骚、指桑骂槐。在言谈中常说气话，不仅无助于沟通，而且容易伤害人、得罪人。

2. 注意

（1）发音标准。在言谈之中要求发音标准，其含义有三。其一，发音标准。不能读错音、念错字，让人见笑或误会。其二，发音清晰。要令人听得一清二楚，而不是口齿不清、含含糊糊。其三，音量适中。音量过大令人震耳欲聋，音量过小则让人听起来费劲，二者显然都不合适。

（2）语速适度。语速，即讲话的速度。在讲话时，对语速应加以控制，使之保持匀速，快慢适中。言谈中语速过快、过慢或忽快忽慢，都会影响谈话效果。

（3）口气谦和。在职场言谈中，讲话的口气一定要平等、亲切、谦和。不要端架子、摆派头；不要以上压下、以大欺小；不要倚老卖老、盛气凌人，或者随便教训、指责别人。

（4）内容简明。在职场言谈时，应力求言简意赅，简单明白，节省时间，少讲废话。不要没话找话、啰里啰唆、废话连篇、节外生枝、任意发挥、不着边际，让人听起来不明不白。繁言无要，要言不烦，这是职场言谈中不应被忘记的重要一点。

（5）少用方言。言谈对象若非家人、乡亲，则最好不要在职场言谈中使用对方有可能听不懂的方言、土语。在与多人的言谈中，即便只有一个人听不懂，也不要使用方言、土语交谈，以免使其产生被排挤、冷落之感。

（6）慎用外语。在普通性质的交谈中，应当讲中文、讲普通话。若无外宾在场，则最好慎用外语。与国人交谈时使用外语，不能证明自己水平高，反而有卖弄之嫌。

二、直接言谈的主题

言谈的主题，又叫言谈的话题，它指的是言谈的中心内容。一般而论，言谈主题的多少可以不定，但通常在某一特定时刻宜少不宜多，最好只有一个。唯有话题少而集中，才有助于言谈的顺利进行。话题过多、过散，将会使交谈者无所适从。

（一）宜选的主题

在职场言谈之中，以下五类具体的话题都是适宜选择的：

1. 既定的主题

既定的主题即言谈双方业已约定，或者其中某一方先准备好的主题。例如，求人帮助、征求意见、传递信息、讨论问题、研讨工作一类的交谈等，往往都属于主题既定的言谈。选择这类主题最好双方商定，至少也要得到对方的认可。它适用于正式言谈。

2. 高雅的主题

高雅的主题即内容文明、优雅，格调高尚、脱俗的话题。例如，文学、艺术、哲学、历史、考古、地理、建筑等，都属于高雅的主题。它适用于各类言谈，但要求交流者是相关专业人士，忌讳不懂装懂，或班门弄斧。

3. 轻松的主题

轻松的主题即谈论起来令人轻松愉快、身心放松、饶有情趣、不觉劳累或厌烦的话题。例如，文艺演出、流行时装、美容美发、体育比赛、电影电视、休闲娱乐、旅游观光、名胜古迹、风土人情、名人轶事、烹饪小吃、天气状况等。它适用于非正式言谈，往往允许人们各抒己见，对其进行任意发挥。

4. 时尚的主题

时尚的主题即以此时、此刻、此地正在流行的事物作为谈论的中心。此类话题适合于各种言谈，但其变化较快，在把握上有一定难度。

5. 擅长的主题

擅长的主题指的是言谈双方，尤其是言谈对象有研究、有兴趣、有可谈之处的主题。须知：话题选择之道，在于以言谈对象为中心。例如，与医生交谈，宜谈健身祛病；与学者交谈，宜谈治学之道；与作家交谈，宜谈文学创作，等等。它适用于各种言谈，但忌讳以己之长对人之短，否则会话不投机半句多。因为言谈是意在交流的谈话，故不可只有一家之言，使之难以形成交流。

（二）忌谈的主题

在各种言谈之中，有下列几类具体的主题理应忌谈：

1. 个人隐私

个人隐私，即个人不希望他人了解之事。在言谈中，若双方是初交，则有关对方年龄、收入、婚恋、家庭、健康、经历等一类涉及个人隐私的主题，切勿加以谈论。

2. 捉弄对方

在言谈中，切不可对言谈对象尖酸刻薄，油腔滑调，乱开玩笑，口出无忌，要么挖苦对方所短，要么调侃取笑对方，成心要让对方出丑，或是下不了台。俗话说：伤人之言，重于刀枪剑戟。以此类捉弄人的主题为中心展开言谈，定将损害双方关系。

3. 非议旁人

有人极喜欢在言谈之中传播闲言碎语，制造是非，无中生有，造谣生事，非议其他不在场的人。其实，人们都知道，来说是非者，必是是非人。非议旁人，并不说明自己待人诚恳，反倒证明自己少调失教，是拨弄是非之人。

4. 倾向错误

在谈话中交谈有错误倾向的主题。例如，违背社会伦理道德、生活堕落、思想反动、政治错误、违法乱纪之类的主题，也应避免。

5. 令人反感

有时，在言谈中因为不慎，会谈及一些令言谈对象感到伤感、不快的话题，以及令对方不感兴趣的话题，这就是所谓令人反感的主题。若此种情况不幸出现，则应立即转移话题，必要时要向对方道歉，千万不要没有眼色，将错就错，一意孤行。此类话题，常见的有凶杀、惨案、灾祸、疾病、死亡、挫折、失败等。

三、直接言谈的技巧

（一）双向共感

言谈，究其实质，乃是一种合作。因此，在言谈中，切不可一味宣泄个人的情感，而不去考虑言谈对象的反应。根据礼仪规范，在言谈中应遵循双向共感法则。这一法则，具有以下两重含义：

一是双向。它要求人们在言谈中，要注意双向交流，并且在可能的前提下，要尽量使言谈围绕言谈对象进行，无论如何都不要妄自尊大，忽略对方的存在。

二是共感。它要求在言谈中谈论的中心内容，应使彼此各方共同感兴趣，并能够愉快地接受，积极地参与，不能只顾自己而不看对方的反应。遵守这条规则，是使言谈取得成功的关键。

（二）神态专注

在言谈中，各方都希望自己的见解为对方所接受，所以从某种意义上讲，"说"的一方并不难，往往难就难在"听"的一方。古人曾就此有感而发："愚者善说，智者善听。""听"的一方在言谈中若能够表现得神态专注，就是对"说"的一方的最大尊重。要做到这一点，应重视如下三点。

1. 表情认真

在倾听时，要目视对方，全神贯注，聚精会神，不要用心不专、"身在曹营心在汉"，出现明显走神的情况。

2. 动作配合

当对方观点高人一筹，为自己所接受，或与自己不谋而合时，应以微笑、点头等动作表示支持、肯定，或暗示自己与之"心有灵犀一点通"。

3. 语言合作

在对方说的过程中，不妨以"嗯"声或"是"字，表示自己在认真倾听。在对方需要理解、支持时，应以"对""没错""真是这么一回事""我有同感"等加以呼应。必要时，还应在自己讲话时，适当引述对方刚刚发表的见解，或者直接向对方请教高见。这些，都是以语言同对方进行合作。

（三）措辞委婉

在言谈中，不应直接陈述令对方不快、反感之事，更不能因此伤害其自尊心。必要时，可在具体的表达上力求含蓄、婉转、动听，并留有余地，善解人意，这就是所谓措辞委婉。例如，在用餐时要去洗手间，不宜直接说"我去方便一下"，而应说"我需要出去一下""出去有点儿事"，或者"出去打个电话"。若来访者停留时间过长，从而影响了本人的其他安排，需要请其离开，不宜直接说"你该走了""你待得太久了"，而应当说"我不再占用你的宝贵时间了"，等等，这些均属委婉语的具体运用。

在言谈中，运用委婉语可采用以下几种具体方式：其一，旁敲侧击；其二，比喻暗示；其三，间接提示；其四，先肯定，再否定；其五，多用设问句，不随便使用祈使句；其六，表达上留有余地。

（四）礼让对方

在言谈之中，务必要争取以对方为中心，处处礼让对方、尊重对方，尤其是要做到以下几点：

1. 不始终独白

既然言谈讲究双向沟通，那么在言谈中就要目中有人，礼让他人，要多给对方发言的机会，让大家相互都有交流。不要一人独白，侃侃而谈，"独霸天下"，只管自己尽兴，而始终不给他人张嘴的机会。

2. 不导致冷场

不允许在言谈中走向另一个反面，即从头到尾保持沉默，不置一词，从而使言谈变相冷场，破坏现场的气氛。不论言谈的主题与自己是否有关、自己是否对其感兴趣，都应热情投入、积极合作。万一言谈中因他人之故冷场"暂停"，切勿"闭嘴"不理，而应努力"救场"，可转移旧话题，引出新话题，使双方言谈"畅行无阻"。

3. 不随意插嘴

出于对他人的尊重，在他人讲话时，尽量不要在中途予以打断，突如其来、不经允许地去插上一嘴。这种做法不仅干扰了对方的思路，破坏了言谈的效果，而且会给人以自以为是、喧宾夺主之感。确需发表个人意见或进行补充时，应待对方把话讲完，或是在对方首肯后再讲。不过，插话次数不宜多、时间不宜长，与陌生人的交谈则绝对不允许打断或插话。

4. 不与人抬杠

抬杠，是指喜爱与人争辩、喜爱固执己见、喜爱强词夺理。在一般性的言谈中，应允许各抒己见、言论自由、不做结论，重在集思广益、活跃气氛、取长补短。若以"杠头"自诩，自以为一贯正确，无理辩三分，得理不让人，非要争个面红耳赤、你死我活，不仅大伤和气，而且有悖言谈主旨。

5. 不否定他人

在言谈中，要善于聆听他人的意见，若对方所述无伤大雅，无关大是大非，一般不宜当面否定。礼仪上有一条重要的法则，叫作"不得纠正"。它的含义是：对交往对象的所作所为，应当求大同、存小异，若其无关宏旨，不触犯法律，不违反道德，没有辱没国格人格，不涉及生命安全，一般没有必要判断其是非曲直，更没有必要当面对其加以否定。在言谈中不随意否定对方的见解，就是该法则的具体运用。

（五）适可而止

与其他形式的社交活动一样，言谈也必定受制于时间。虽然说亲朋好友之间的言谈往往是酒逢知己千杯少，但是实际上它仍需要见好就收，适可而止，职场更应如此。这样不仅可使下次言谈还有话可说，还会使每次言谈都令人回味。

普通场合的小规模言谈，以半小时以内结束为宜，最长不要超过一个小时。言谈的时间一久，言谈所包含的信息与情趣难免会被稀释。

在言谈中，一个人的每次发言最好不要长于 3 分钟，至多也不要长于 5 分钟。言谈适可而止，主要有四点好处：第一，它可以为大家节省时间，省得耽误正事；第二，它可以使每名参加者都有机会发言，以示平等；第三，它可以使大家在发言中提炼精华，少讲废话；第四，它还可以使大家对言谈意犹未尽，保持美好的印象。凡此种种，都充分说明言谈适可而止不仅必要，而且必须付诸行动。

第三节　间接言谈

💬 案例导入

某饭店的一名接线员，每一天都要接到若干咨询电话。一次，他接到驻外地的一名外商打来的长途电话，询问他夫人所住该饭店的房间号，有急事要找。接线员几经翻阅登记簿，未有其人，便如实相告。不料这名外商竟然用不怎么熟练的中国话骂了起来。接线员感到十分委屈，但考虑到对方可能确有急事，便采取了宽容态度，强忍委屈，继续查找。接线员后来才弄明白，原来那名外商的夫人是用另一个姓名登记的。当外商谈完事后，专门打电话向接线员道歉，请求原谅。试想，如果当时接线员得理不让人，对外商的无理之举穷追不舍，或是采取对骂的方法，那么他或许会挽回面子，出了一口气，却会使对方产生强烈的逆反心理，不会承认自己有错，无益于事情的圆满解决。接线员的做法，维护了自身乃至整个饭店的良好形象。

间接言谈，相对直接言谈就是非面对面的言谈，如接打电话、收发邮件等。

一、接打电话

电话被现代人公认为便利的通信工具，在工作中，正确使用电话语言很关键，它直接影响着一个公司的声誉；在日常生活中，人们通过电话也能粗略判断对方的人品、性格。因而，掌握正确的、礼貌的打电话方法是非常必要的。随着科学技术的发展和人们生活水平的提高，电话的普及率越来越高，人离不开电话，每天要接、打大量的电话。看起来打电话很容易，对着话筒同对方交谈，觉得和当面交谈一样简单，其实不然。电话礼仪也被称为现代礼仪的基础礼仪，接打电话大有讲究，不可太随便，得讲究必要的礼仪和一定的技巧，以免横生误会。无论是打电话还是接电话，我们都应做到语调热情、大方自然、音量适中、表达清楚、简明扼要、文明礼貌。

（一）接电话

当打电话给某单位，若一接通，就能听到对方亲切、优美的招呼声，心里一定会很愉快，双方对话也能顺利展开，该单位也会给打电话人留下较好的印象。在电话中，只要稍微注意一下自己的言谈，我们就会给对方留下完全不同的印象。比如同样说："你好，这里是 XX 公司"。但声音清晰、悦

正确示范

耳、吐字清脆，就会给对方留下好的印象，对方对其所在单位也会有好印象。因此要记住，接电话时，应有"代表单位形象"的意识。

现代工作人员业务繁忙，办公桌上往往会有两三部电话，听到电话铃声，应准确迅速地拿起听筒，最好在三声之内接听。电话铃声响一声大约3 秒钟，若长时间无人接电话，或让对方久等是很不礼貌的，对方在等待时心里会十分急躁，你的单位会给他留下不好的印象。即便电话离自己很远，听到电话铃声后，附近没有其他人，应该用最快的速度拿起听筒，这样的态度是每个人都应该拥有的，这样的习惯是每个办公室工作人员都应该养成的。

上班时间打来的电话几乎都与工作有关，公司的每个电话都十分重要，不可敷衍，即使对方要找的人不在，也不要只说"不在"就把电话挂

了。接电话时也要尽可能问清事由，避免误事。首先应了解对方来电的目的，如自己无法处理，也应认真记录下来，委婉地探求对方来电目的，就可不误事而且赢得对方的好感。

一般来说，在办公室里，电话铃响三遍之前就应接听，六遍后就应道歉："对不起，让你久等了。"如果受话人正在做一件要紧的事情不能及时接听，代接的人应妥当解释。如果既不及时接电话，又不道歉，甚至不耐烦，就是极不礼貌的行为。尽快接听电话会给对方留下好印象，让对方觉得自己被看重。最好左手接听电话，便于随时记录有用信息，随时牢记"5W1H"技巧。所谓"5W1H"是指：（1）When 何时；（2）Who 何人；（3）Where 何地；（4）What 何事；（5）Why 为什么；（6）How 如何进行，在工作中，这些资料都是十分重要的。

对方打来电话，一般会自己主动介绍。如果没有介绍或者你没有听清楚，就应该主动问："请问您是哪位？我能为您做什么？您找哪位？"但是，人们习惯的做法是，拿起电话听筒盘问一句："喂！哪位？"这在对方听来，陌生而疏远，缺少人情味。接到对方打来的电话，您拿起听筒应首先自我介绍："你好！我是某某某。"如果对方找的人在旁边，您应说："请稍等。"然后用手掩住话筒，轻声招呼你的同事接电话。如果对方找的人不在，您应该告诉对方，并且问："需要留言吗？我一定转告！"

接听电话时，应注意使嘴和话筒保持 4 厘米左右的距离；要把耳朵贴近话筒，仔细倾听对方的讲话。不能叼着香烟、嚼着口香糖；说话时，声音不宜过大或过小，吐字清晰，保证对方能听明白。当您拿起电话听筒的时候，一定要面带笑容。不要以为笑容只能表现在脸上，它也会藏在声音里。亲切、温情的声音会使对方马上对我们产生良好的印象。如果绷着脸说话，声音会变得冷漠。

要结束电话交谈时，一般应当由打电话的一方提出，然后再彼此客气地道别，说一声"再见"，再轻轻把话筒放好，不可"啪"的一下扔回原处，这极不礼貌。最好是在对方之后挂电话。

（二）打电话

在打电话之前，列出要点，避免浪费时间。要准备好笔和纸，不要吃东西、喝水或抽烟，要保持正确的姿势。

不要在他人的休息时间之内打电话。如，每日上午 7 点之前，晚上 10 点之后以及午休的时间；也不要在用餐之时打电话。打公务电话，不要占用他人的私人时间，尤其是节、假日的时间。通话时间的长度以短为佳，宁短勿长。一般限定在 3 分钟之内，尽量不要超过这一限定。

通话内容要简明扼要，长话短说，直言主题，力戒讲空话，说废话，无话找话和短话长说。

通话时的态度要和蔼可亲。通话之初，要首先向受话方恭恭敬敬地问一声"您好"！然后再言其他。终止通话预备放下话筒时，必须先说一声"再见"。通话时，"您好""谢谢""请""麻烦""劳驾"之类的谦词该用一定要用。若拨错了电话号码，一定要对听者表示歉意，不要一言不发，挂断了事。在举止方面，应对自己有所要求，不要把话筒夹在脖子下；不要趴着，仰着，坐在桌角上；不要高架双腿在桌子上。拨号时，不要以笔代手，通话时，不要嗓门过高，终止通话时，应轻放话筒。

（三）使用手机

打电话时，请注意一下，有些地方是不允许使用手机的。如加油站、电影院都禁止使用手机。当不使用手机时，请锁住手机按钮，以防意外拨打诸如 119、110、120 等特殊的电话号码。

在需要保持安静的公共场所，或在与人交流时，应将手机调至静音或震动状态；注意礼貌用语；不在与人谈话时查看或编发短信或微信；编发短信或微信的用字用语规范准确、表意清晰。内容后最好留姓名，以使接收方知晓发送人；不编发有违法规或不健康的短信或微信，不随意转发不确定的消息。收到不良短信或微信可建议或告诫发送者停止发送。

二、收发邮件

（一）标题要提纲挈领

添加邮件标题是电子邮件和信笺的主要不同之处，在主题栏里用短短的几个字概括出整个邮件的内容，便于收件人权衡邮件的轻重缓急，进行分别处理。

一定不要用空白标题，这是最失礼的。标题要简短，不宜冗长，不要点开邮件才能显示完你的标题。最好写上来自××公司的邮件，以便对方一目了然又便于留存，时间可以不用注明，因为一般的邮箱会自动生成，写了反而累赘。标题要能反映文章的内容和重要性，切忌使用含义不清的标题，如"王先生收"。也不要用胡乱无实际内容的主题，例如"嘿！"或是"收着！"

一封信尽可能只针对一个主题，不在一封信内谈及多件事情，以便于日后整理。可适当使用大写字母或特殊字符（如"＊""！"等）来突出标题，引起收件人的注意，但应适度，特别是不要随便就用"紧急"之类的字眼。

回复对方邮件时，应当根据回复内容需要更改标题。

主题千万不可出现错别字和不通顺之处，切莫只顾检查正文却在发出前忘记检查主题。主题是留给别人的第一印象，一定要慎之又慎。

邮件回复

（二）称呼与问候

恰当地称呼收件者，拿捏尺度。邮件的开头要称呼收件人。这既显得礼貌，也明确提醒某收件人，此邮件是面向他的，要求其给出必要的回应；在多个收件人的情况下，可以称呼收件人为"大家"。

如果对方有职务，应按职务尊称对方，如"×经理"；如果不清楚职务，则应按通常的"×先生""×小姐"称呼，但要把性别先搞清楚。

不熟悉的人不宜直接称呼英文名，对级别高于自己的人也不宜称呼英文名。称呼全名也是不礼貌的，不要和谁通信都用个"Dear ×××"，显得很熟络。称呼是第一行顶格写。

（三）开头与结尾

最简单的英文邮件开头是写一个"Hi"，中文邮件写个"你好"或者"您好"，开头问候语要在称呼换行后空两格写。

结尾常见的写个"祝您顺利"之类的也就可以了，若是尊长，应使用"此致敬礼"。注意，在非常正式场合，应完全使用信件的标准格式，"祝""此致"为紧接上一行结尾或换行开头空两格，而"顺利""敬礼"为再换行顶格写。

每封邮件在结尾都应签名，这样对方可以清楚地知道发件人的信息。电子邮件消息末尾加上签名档是必要的。签名档可包括姓名、职务、公司、电话、传真、地址等信息，但信息不宜行数过多，一般不超过4行。你只需将一些必要信息放在上面，对方如果需要更详细的信息，自然会与你联系。引用一个短语作为你的签名的一部分是可行的，比如你的座右铭，或公司的宣传口号。但是要分清收件人的行业背景、年龄，切记一定要使用得体。

对内、对私、对熟悉的客户等群体的邮件往来，签名档应该进行简化。过于正式的签名档会让自己与对方显得疏远。你可以在 OUTLOOK 中设置多个签名档，灵活调用。签名档文字应选择与正文文字相匹配的简体、繁体或英文，以免出现乱码。字号一般应比正文字体小一些。

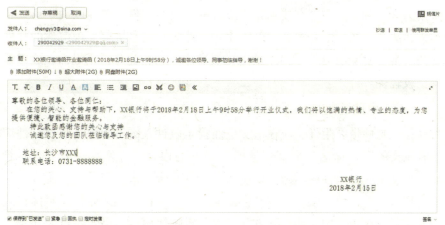

邮件书写示范

（四）正文简明规范

若对方不认识你，那么你自己的身份、姓名或你代表的企业名是必须通报的，以示对对方的尊重，说明身份的时候应当简明扼要，最好是和本邮件以及对方有关，其主要功能是为了收件人能够准确地理解邮件来意。不可开篇就切入主题，别人不知道你是谁还得拉到最后看。但也不可说得过多，有些联系方式之类的与正文无关的信息应在签名档中表明。正文应简明扼要地说清楚事情；如果具体内容确实很多，正文应只做摘要介绍，然后单独写个文件作为附件进行详细描述。

行文应通顺，多用简单词汇和短句，准确清晰地表达，不要出现晦涩难懂的语句。最好不要让人家拉滚动条才能看完你的邮件。

根据收件人与自己的熟悉程度、等级关系，邮件是对内还是对外性质的不同，选择恰当的语气进行论述，以免引起对方的不适。"请""谢谢"之类的词语要经常出现。

电子邮件可轻易地转给他人，因此对别人意见的评论必须谨慎而客观。如果事情复杂，最好分几个段落进行清晰明确的说明。保持你的每个段落简短不冗长，没人有时间仔细看你没分段的长篇大论。最好在一次邮件中把相关信息全部说清楚，说准确。不要过两分钟之后再发一封什么"补充"或者"更正"之类的邮件，这会让人很反感。

尽可能避免拼写错误和错别字，注意使用拼写检查。在邮件发送之前，务必先仔细阅读一遍，检查行文是否通顺，拼写是否有错误。不要动不动就用大写字母、粗体斜体、加色字体、加大字号等手段对一些信息进行提示。合理的提示是必要的，但过多的提示则会让人抓不住重点，影响阅读速度。对于很多带有技术介绍或讨论性质的邮件，单纯以文字形式很难描述清楚。如果配合图表加以阐述，收件人一定会更容易理解你的邮件意图。不要动不动使用":)"之类的笑脸字符，在商务信函里面，这样显得比较轻佻。

（五）附件清晰明了

如果邮件带有附件，应在正文里面提示收件人查看附件。附件文件应按有意义的名字命名，最好能够概括附件的内容，方便收件人下载后管理。正文中应对附件内容做简要说明，特别是带有多个附件时。附件数目不宜超过 4 个，数目较多时应打包压缩成一个文件。如果附件是特殊格式的文件，应在正文中说明打开方式，以免影响使用。如果附件过大（不宜超过 2MB），应分割成几个小文件分别发送。

添加附件(50M) ↓ 超大附件(2G) 网盘附件(2G)

重点领域检查清单.xlsx (25.24K) 删除

重点环节检查清单.xlsx (19.95K) 删除

附件发送

（六）语言的选择

英文邮件只是交流的工具，而不是用来炫耀和锻炼英文水平的。如果收件人中有外籍人士，应该使用英文邮件交流；如果收件人是其他国家和地区的华人，也应采用英文交流，由于存在中文编码的问题，你的中文邮件在其他地区可能显示为乱码天书。如果对方与你的邮件往来采用中文，请不要自作聪明地发送英文邮件给他；如果对方发英文邮件给你，也不要保守地用中文回复。对于一些信息量丰富或重要的邮件，建议使用中文，因为你很难保证你的英文表达水平或收件人中某人的英文理解水平没有问题。中文用宋体或新宋体，英文就用 Verdana 或 Arial 字型，字号用五号或 10 号皆可，这是经研究证明最适合在线阅读的字号和字体。不要用稀奇古怪的字体或斜体，最好不用背景信纸，特别是对公邮件。不要为突出内容而将字号设置过大，拉滚动条是很麻烦的事情；也不要过小，费神又伤眼睛。

（七）回复的技巧

收到他人的重要电子邮件后，应立刻回复对方，这是对他人的尊重，理想的回复时间是 2 小时以内，特别是对一些紧急重要的邮件。对每一份邮件都立即处理是很占用时间的，对于一些优先级低的邮件可集中在一个特定时间段处理，但一般不要超过 24 小时。如果事情复杂，你无法及时确切回复，那至少应该及时地回复说"收到了，我们正在处理，一旦有结果就会及时回复，云云"。不要让对方苦苦等待，记住：及时做出响应，哪怕只是确认一下收到了。如果你正在出差或休假，应该设定自动回复功能，提示发件人，以免影响工作。当回件答复问题的时候，最好把相关的问题抄到回件中，然后附上答案。不要简单地回复了事，那样太生硬了，应该对之前的问题进行必要的阐述，让对方一次性理解你的邮件意图，避免再反复交流，浪费资源。对方给你发来一大段邮件，你却只回复"是的""对""谢谢""已知道"等字眼，这是非常不礼貌的，最好凑够 10 个字，显示出你对对方的尊重。如果收发双方就同一问题的交流回复超过 3 次，这只能说明双方交流不畅，说不清楚。此时应采用电话沟通等其他方式进行交流后再做判断。电子邮件有时并不是最好的交流方式。

对于较为复杂的问题，多个收件人频繁回复，发表看法，这将导致邮件过于冗长笨拙而不可阅读。此时应立即对之前讨论的结果进行小结，突出有用信息。如果只需要一个人知道的事，单独回复给他就行了。如果你对发件人提出的要求做出响应，应该让大家都知道；不要让对方帮你完成这件事情。如果你对发件人提出的问题不清楚，或有不同的意见，应该与发件人单独沟通，不要当着所有人的面与发件人讨论。你们讨论好了再告诉大家，不要向上司频繁发送没有确定结果的邮件。点击"回复全部"前，要三思而行！为避免无谓的回复，浪费资源，可在文中指定部分收件人给出回复，或在文末添上以下语句："全部办妥""无需行动""仅供参考，无需回复"。

📋 延伸阅读

［1］　端木自在. 社交与礼仪［M］. 南昌：江西美术出版社，2017.

［2］　刘文秀. 每天学点礼仪常识［M］. 北京：中国法制出版社，2016.

［3］　金正昆. 职场礼仪［M］. 北京：北京联合出版公司，2013.

［4］　荣一兵. 一天一点情商训练［M］. 北京：北京工业大学出版社，2014.

第 四 章

职场实用礼仪

　　职场人日常工作的基本形式，是在相关的地方处理各式各样的业务。人们在与一家单位接触时的第一印象，就来自职场人员的各类职场实用礼仪。各类职场实用礼仪不仅是对同事的尊重和对单位文化的认同，更重要的是每个人为人处事、礼貌待人的最直接表现。简单地讲，一要严于律己，二要善待他人，三要尽职尽责。

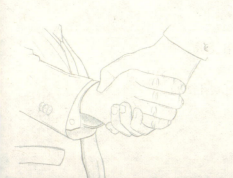

第一节　职场实用礼仪概述

案例导入

　　某餐厅午饭期间熙熙攘攘，有许多人在此用餐，服务员齐齐看见一位年迈的老人面前的饭碗空空如也，想主动为他服务，给饭碗添上米饭，于是走上前去，柔声说道："您好先生，您还要饭吗？"那位先生的脸色突然变了变，没说话，摇了摇头。齐齐心想，估计是吃完了，应该可以把碗筷收了，于是又问道："那先生您完了吗？"只见那位老先生冷冷一笑，说："小姐，我今年70多岁了，一辈子都是自食其力，还没落到要饭吃的地步，怎么会要饭呢？另外我的身体还不错，不会一下子完的！"齐齐猛然发觉，自己的本意并不是如此，但是不管怎么解释，老先生也已经不听了。齐齐原本是好心，却因为不规范的礼仪用语，无意中仿害了客户的情感。

一、职场实用礼仪的原则

1. 律己

　　这是对待个人的要求，是礼仪的基础和出发点。学习、应用礼仪，最重要的就是自我约束、自我控制、自我对照、自我反省、自我检点。

2. 敬人

　　这是对待他人的要求，是礼仪的重点和核心。不可失敬于人，不可伤害他人，更不可侮辱他人。

3. 宽容

　　既要严于律己，更要宽以待人。多容忍他人，多体谅他人，多理解他人，不要求全责备，斤斤计较，过分苛求，咄咄逼人。

4. 平等

　　对任何交往对象都必须一视同仁，不允许因为交往对象彼此之间在年龄、性别、种族、文化、身份、财富以及关系的亲疏远近等方面有所不同而厚此薄彼，但可以根据不同交往对象采取不同的具体方法。

5. 真诚

　　务必诚实无欺，言行一致，表里如一，这样在运用礼仪时所表现出来的尊敬和友好，才会更好地被对方理解与接受。

6. 适度

必须注意技巧及规范，做到把握分寸，认真得体。

7. 从俗

由于国情、文化背景的不同，必须入乡随俗，不要目中无人、自以为是。

二、职场实用礼仪的作用

1. 规范行为

在职场中，人们相互影响、相互作用、相互合作，如果不遵循一定的规范，就缺乏协作的基础。礼仪规范有利于确定自我形象，尊重他人，赢得友谊，开展合作。

2. 传递信息

可以表达出尊敬、友善、真诚等感情，也可以获得对方的好感、信任，进而有助于事业的发展。

3. 增进感情

随着交往的深入，双方可能都会产生一定的情绪体验，一是共鸣一是排斥。规范的礼仪容易使双方相互吸引，增进感情，促进良好的人际关系的建立和发展。如果不讲礼仪，就容易产生感情排斥，造成人际关系紧张。

4. 树立形象

个人讲究礼仪就会在公众面前树立良好的个人形象。组织的成员讲究礼仪，就会为自己的组织树立良好的形象。具有良好信誉和形象的公司或企业，就容易获得社会各方的信任和支持，就可在激烈的竞争中处于不败之地。

第二节　求职信

📑 案例导入

在《传奇故事——百家讲坛中旬》中有这样一段话："李白在中国诗歌史上享有极高的地位和声望，可他的仕途却非常不顺。早年寓居安陆时，曾多次给地方官员写信自荐，但每次都以失败告终。虽然求职失败有多方面的原因，但他的求职信写得很糟糕，也是主要原因之一。"

连李白这样文笔出众的大诗人都因求职信写得糟糕而影响仕途，可见对当今的我们来说求职信有多么重要了。

求职信是求职者写给用人单位的信，是求职人向用人单位介绍自己情况以求录用的专用性文书，目的是让对方了解自己、相信自己、录用自己，它是一种私对公并有求于公的信函。求职信所给的对象很难明确，也许是人事部里的一般职员，也许是经理，如果你对老板比较了解的话，可以直接给老板。当然，如果你根本就不认识招聘公司的任何人，求职信最好写上"人事部负责人收"较妥。如果直接写"老总收"可能不妥，如果该信落到一般职员手中的话，可能使这些人不高兴。多数用人单位都要求求职者先寄送求职材料，由他们通过求职材料对众多求职者有一个大致的了解后，再通知面试或面谈人选。因此，求职信写得好与坏将直接关系到求职者能否进入下一轮的角逐。

尊敬的领导：

您好，我是××大学××年的毕业生，即将在 7 月份毕业，感谢您在百忙之中阅读我的个人求职信。

四年大学阶段的学习与成长丰富了我的学识，磨炼了我的意志，提高了我的修养。学习路上，我形成了良好的处事作风、先进的思想观念、独特的思维方式、和谐的人际关系。学习进一步强化了我的文化知识修养，并塑造了良好的心理素质，我切实具备了脚踏实地的作风和规范自我的做人原则。我有着扎实的实用电子专业基础知识，掌握了多项技能。在每学期的各项考试中都取得了优异的成绩。积极参加学校、系组织的各项活动。同时，我也注意自己素质的培养，能力的锻炼，抓住机遇，务实进取。

我以满腔的热情、昂扬的斗志奋发于我所追求的事业。我相信自己，更相信您！给我一个机会，蓄势而后发的我会还你们一个惊喜！

此致

敬礼

求职人：×××

2018 年 4 月 1 日

求职信范例

一、求职信的分类

第一种分为自我推荐的求职信和他人推荐而写的求职信等。

第二种分为技术性求职信、销售性求职信、生产性求职信、演艺性求职信和医疗性求职信等。

第三种分为短期性求职信、中期性求职信和长期性求职信等。

第四种分为有基本要求的求职信和有具体要求的求职信等。

二、求职信的内容

要求简练、明确，切忌模糊、笼统、面面俱到。

（一）标题

求职信的标题通常只在第一行中间写上"求职信"三个字。

（二）称谓

称谓是对受信者的称呼，写在第一行，要顶格写受信者的单位名称或个人姓名。单位名称后可加"负责同志"；个人姓名后可加"先生""女士""同志"等。在称谓后写冒号。求职信不同于一般私人书信，因未与受信者见过面，称呼要恰当。对于不甚明确的单位，可写成"人事处负责同志""尊敬的领导同志""尊敬的某某公司领导"等；对于明确了用人单位负责人的，可以写出负责人的职务、职称，如"尊敬的林教授""尊敬的蒋处长""尊敬的刘经理"等。称呼写在第一行，顶格书写，之后用冒号，另起一行，写上问候语"您好"。

（三）正文

正文要另起一行，空两格开始写求职信的内容。正文部分是求职信的重点，应简明扼要并有针对性地概述自己，突出自己的特点，并努力使自己的描述与所聘职位要求一致，切勿夸大其词或不着边际。许多简历中的具体内容不应在求职信中重复。尽可能地少用人称代词"我"。

正文内容较多，要分段写。

第一段，简要阐述求职的原因，这是求职的开始。首先简要介绍求职者的姓名、年龄、性别等，接着要直截了当地说明从何渠道得到有关信息以及写此信的目的。介绍有关情况要简明扼要，对所求职务要态度明朗，要吸引受信者饶有兴趣地将你的信读下去。这段文字要有吸引力。

第二段，客观评价求职的能力，这是求职的关键。要着重介绍自己应聘的有利条件，要特别突出自己的优势和"闪光点"，以使对方信服。写这段内容，语言要中肯，恰到好处；态度要诚恳，不卑不亢，达到见字如见其人的效果。要给受信者留下深刻印象，进而相信求职者有能力胜任此项工作。这段文字要有说服力。

第三段，适当提出求职的要求，这是求职信的中心。这段是信的收尾阶段，要适可而止，不要啰唆，不要苛求对方。可以说"希望您能为我安排一个与您见面的机会"或"盼望您的答复"或"敬候佳音"之类的话。这段文字要有感染力。

（四）结尾

另起一行，空两格，写表示敬祝的话。要留下你的电话、手机、E-mail 等联系方式，并表明如果几天内等不到他们的电话，你会自己打电话确认招聘者是否收到履历表和求职信并安排面试。语气要肯定、热情、诚恳、有礼貌，把你想得到工作的迫切心情表达出来，请用人单位尽快答复并给予面试机会。通常结束语后面应写表示祝愿或敬意的话，如"此致""敬礼""祝您身体健康、工作顺利、事业有成"等。这两行均不点标点符号，不必过多寒暄，以免画蛇添足。

（五）落款

包括署名和日期。署名应写在结尾祝词的下一行的右后方。日期（×年×月×日）应写在名字下面。姓名前面不必加任何谦称的限定语，以免有阿谀之感，或让对方轻看你的能力。成文日期要年、月、日俱全。若有附件，可在信的左下角注明。例如，"附1：个人简历""附2：成绩表"等。

（六）附件

有说服力的附件是对求职者的鉴定凭证。所以附件是求职信不可忽视的组成部分。

附件可在信的结尾处注明。如"附1：个人简历""附2：成绩表"，然后将附件的复印件单独订在一起随信寄出。附件不需太多，但必须有分量，能够证明你的才华和能力。

三、写求职信的注意事项

（一）性别称呼不当

不要一开始就用提及性别的称呼，比如"先生"。事实上，最好避免使用针对不同性别的称呼，这样不合时宜，甚至可能会冒犯那些不属于这一称呼的人。或者你可以试着找出负责审阅你求职信的人，在求职信中直接称呼此人的姓名和头衔。如果不知道负责人，那么写上"敬启者"，这是最中性的称呼方式。

（二）不能以一概全

你可以在求职过程中准备一个标准版本的求职信，但是当你把它套用在对不同职位的申请时要格外小心，注意不要出现错误。求职信中的常见错误包括错误的职位、公司名称、日期和招聘信息来源。花点儿时间，确认你每封求职信中的信息都正确无误。做这件事的同时，不妨再花几分钟时间，针对不同的职位，量身改造自己的求职信。

（三）适度控制篇幅

求职信的内容就应该仅是一封信。虽然你希望自己的求职信不是只有一两句话那么简单，但也不要写成多页的长篇大论。以结构清楚的三个段落概括出你对该职位的兴趣以及你的资历，是求职信的理想模式。过于简短的求职信会让人觉得你不够努力且对这个职位缺乏重视；过于冗长的则让人心生厌倦，不想看下去。

（四）严格遵从要求

用人单位都想知道你是否能按照要求做好事情，这一评价是从你的求职信开始的。请按照要求将简历制作成固定的文件格式（PDF 格式、微软Word 文档、文本文件等），并发给某个特定的人。同样的，若招聘说明中要求你写出薪资要求以供参考，那么写上你期待的薪资水平。在这一阶段，如果你忽略了用人单位明确列出的某项要求，那么你注定要被淘汰。

（五）罗列有效信息

许多人会在履历中概括他们的兴趣，比如阅读、徒步旅行和滑雪等。其实，这些只有在它们与工作职位有关联的时候才可以加入。履历中一般不应该提到一些私人信息，比如生日、婚姻状况、身高和体重等。

（六）讲究排版格式

不要误会，外在美不是让你在信纸的选择和字体之类做研究，而是要让招聘人员在看到你的求职信时，会有舒服的感觉。求职信要做到篇幅长短适宜、行距分明，不要密密麻麻。

（七）做到言简意赅

言简意赅是一封好的求职信的标准，求职信的用语不要刻意追求华丽，让阅读者深涩难明，注意不要脱离了求职信的明确目的。最好的求职信就是一针见血。

另外，写求职信不要过于谦虚，让人觉得你不够自信。求职者应当在信中强调自己的强项，即使不可避免地要说明自己的弱项，也没有必要那么坦率。不要为了取悦招聘单位，再三强调自己的成绩，进而忽视相关经验与能力对职位的重要性。

第三节　简历

💬 案例导入

　　某公司人事专员小琼收到一份求职信,她开始查看的时候,还觉得简历非常吸引人,内容写得十分恳切规范。可是,等全部看完后,小琼却并不想面试这名应聘者。简历头一句还写着"我是一个刚走出校门的学生……"可是细看简历内容,原来已经工作一两年了。简历条理不清晰,内容里罗列了全部实习经历,导致页数超过 5 页。求职者是软件专业毕业,却把所有的硬件岗位都申请了。而且到末尾一看,称呼的"贵公司"名字原来根本不是他们公司的名称。看完简历,小琼就将此人排除在招聘意向外了。

　　简历,就是对个人学历、经历、特长、爱好及其他有关情况所作的简明扼要的书面介绍。简历是有针对性的自我介绍的一种规范化、逻辑化的书面表达。对求职者来说,简历是求职的"敲门砖"。一份好的简历,可以单独寄出或与求职信配套寄出,以此来应聘自己感兴趣的职位。简历是用于应聘的书面交流材料,它向未来的雇主表明自己拥有能够满足特定工作要求的技能、态度、资质和自信。

一、简历的类别

（一）文字简历

　　文字简历分中英文两种,其中,中文简历不像英文简历那样有固定的格式,社会上常见的中文简历多从"履历表"演变而来,或大都是套用专业的英文简历格式,有的甚至是把英文简历逐字逐句地翻译成中文。虽然时代在不断变迁,但简历依然惯性地沿袭了履历表的各种特点。工作经历一栏虽然能容纳大量篇幅,却不需要像填写个人信息那么细致认真,要么是华而不实的大段描述,要么是干瘪可怜的寥寥数语。有的还把简历写成了入党申请书或者自传,带有强烈的感情成分和主观色彩。这样一份简历一般会得到国企招聘经理的接受和认同,但如果去外企求职,"身高体重"的话题都不要在简历中提及。外企看重的是,应聘者是否了解外企文化并身体力行。在西方文化中,"身高体重"属于特别隐私性的话题,当你无意间询问外国女性年龄时，通常会惹恼对方。当然，了解中国文化的外国人或许会大方坦诚地告诉你："这种问题在我们国家属于个人隐私，不可以问。"不适合问的隐私，当然也不适合主动交代。所以，在简历中，不要留下任何把柄表明你根本不了解外企文化。

● 个人简介

姓 名：西西　　　　　　　毕业院校：湘南大学
学历：本科　　　　　　　　专业：金融
政治面貌：中共党员　　　　出生年月：1992 年 1 月 16 日
籍贯：湖南长沙　　　　　　邮箱：29000@qq.com
现住址：XX 路 XX 小区 1 栋
电话：18684768553

● 学习经历

2006 年 9 月-2009 年 6 月，就读于第一中学
2009 年 9 月-2013 年 6 月，就读于湘南大学
2010 年-2011 年度担任对外联系部部长
2012 年-2013 年，担任分会主席

● 奖项证书

2011 年-2012 年连续两年荣获中国"优秀讲解员"称号
2011 年 4 月荣获学生中心"优秀学生干部"
企业人力资源管理师三级证书
全国普通话水平测试一级乙等证书
机动车 C1 驾驶证

● 自我评价

本人性格热情开朗、待人真诚，善于沟通，应变能力较强。懂得珍惜拥有的一切。有四年的大学学生干部任职经验，具有很强的组织和领导能力、出色的人际交往能力、良好的团队素养和合作精神。文字功底扎实，有较强的语言驾驭能力，熟练掌握各种文体写作，能胜任各类文字工作。

简历正确示范

（二）视频简历

视频简历，是把求职者的形象与职业能力表述通过数码设备录制下来，经过对录制后的影像进行编辑及播放格式转换，再通过播放器播放的一种可以观看求职者影像的简历形式。视频简历凭借客观的影音效果以及丰富的信息量，快速拉近了求职者和用人单位的距离，使用人单位在较短的时间内可以全面了解求职者。

优点：这是一种求职者利用录制的视频在互联网上展示自己的方式，有着传统的纸质简历不能比拟的优势。视频简历可以让人力资源经理看到、听到并体会到求职者的实际表现及内心感受，拉近了求职者和人力资源经理的距离。

缺点：很多公司的人力资源部门负责人表示，观看视频简历可能需要3~5分钟或更长时间，但是浏览纸质简历只需要1~2分钟，所以不能作为简历的主要部分。

（三）信息图表简历

多种数据穿插的表格型简历，这个简历完全依赖于信息图表，打破传统模板，使信息扁平化。每个重要的方面，如所受教育、过往经历和兴趣爱好等，都使用颜色柔和的表格和图表呈现，这使得整个设计给人一种强烈的务实风格。

（四）博客和网站式简历

个人网站式的电子简历展示的方式灵活多样，比传统简历更利于在网上传播。国外有大量的在线多媒体简历生成网站，可以让求职者更生动形象地描述自己，简历既可以发布到网上，也可以通过电子邮件进行方便、快捷、高效的传递。

运用多媒体进行求职，形式新颖而引人注目，但在实际的操作过程中，一定既要有形式也要有内容，在展现自己特长的同时，也要表明求职意向以及个人要求。另外，由于网络的公开性，同学们在上传多媒体简历时，一定要保护好自己的隐私，如家庭情况、身份证号码等。

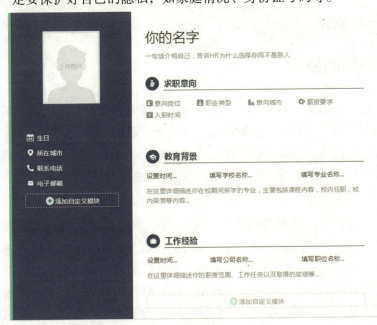

多媒体求职

二、简历的内容

一份简历，一般可以分为四个部分。

第一部分，个人的基本情况。应列出自己的姓名、性别、年龄、籍贯、政治面貌、学校、系别及专业，婚姻状况、健康状况、爱好与兴趣、家庭住址、电话号码等用人单位所需要的信息。

第二部分，学历情况。应写明曾在某某学校、某某专业或学科学习，以及学习的起止时间，并列出所学的主要课程及学习成绩，在学校和班级所担任的职务，在校期间所获得的各种奖励和荣誉。

第三部分，工作情况。若有工作经验，最好详细列明，首先列出最近的工作经历，然后详述曾经工作的单位、日期、职位、工作性质。

第四部分，求职意向。即求职目标或个人期望的工作职位，表明你通过求职希望得到什么样的工种、职位以及你的奋斗目标，可以和个人特长等合写在一起。

个人简历是求职者生活、学习、工作、经历、成绩的概括，写好个人简历非常重要。一份适合职位要求、内容翔实并且装帧精致的简历可以有效地获得与聘用单位面试的机会。个人简历一般很少单独寄出，它总是作为求职信的附件，呈送给用人单位。

三、简历的格式

一般常用的简历格式有五种。第一种是按时间顺序，列出自己的学习工作经历。第二种是根据需要有选择地列出自己的学习、工作经历，充分表现自己的技能、品德。第三种是以上两种内容兼有的综合型。第四种是特定职业所用的履历型。第五种是以图谱来展示的图谱型。

（一）时序型

有许多职业指导和招聘专家认定，时序型格式是简历格式的首要选择，因为这种格式能够演示出持续和向上的职业成长全过程。它是通过强调工作经历实现这一点的。时序型格式以渐进的顺序罗列出你曾就职的岗位，从最近的职位开始，然后再回溯。区分时序型格式与其他类型格式的一个特点是，在罗列出的每一项职位下，你要说明你的责任、该职位所需要的技能，以及最关键的、突出的成就。关注的焦点在于时间、工作持续期、成长与进步以及成就。

（二）功能型

功能型格式在简历的一开始就强调技能、能力、自信、资质以及成就，但是并不把这些内容与某个特定雇主联系在一起。职务、在职时间和工作经历不作为重点来突出强化你的个人特质。这种类型的格式关注的焦点完全在于你所做的事情，而不在于这些事情是在什么时候和什么地方做的。

（三）综合型

这种格式首先扼要地介绍你的市场价值（功能型格式），随即列出你的工作经历（时序型格式）。这种强有力的表达方式首先迎合了招聘的准则和要求——推销你的资产、重要的资信和资质，并且通过专门凸现能够满足潜在行业和雇主需要的工作经历来加以支持。而随后的工作经历部分则提供了曾获取的每项职位的准确信息，它直接支持了功能部分的内容。

这种综合型格式很受招聘机构的欢迎。事实上，它既强化了时序型格式的功能，又避免了使用功能型格式而招致的怀疑。当功能部分信息充实，有阅读者感兴趣的材料而且工作经历部分的内容又能够强有力地作为佐证加以支持时，尤为如此。

（四）履历型

履历型格式的使用者绝大多数是专业技术人员，有时，那些应聘的职位仅仅需要罗列出能够表现求职者价值的资信。例如，医生就是使用履历型格式的典型职业。在履历型格式中，你只需要罗列出你的资信情况，如就读的医学院、住院实习情况、实习期、专业组织成员资格、就职的医院、公开演讲场合以及发表的著作。

（五）图谱型

图谱型格式是一种与传统格式截然不同的简历格式。传统的简历写作只需要运用你的左脑，你的思路限定在理性、分析、逻辑以及传统的思维方式中。而使用图谱型格式你还需要开动你的右脑（大脑的这一半富于创意、想象力和激情），简历也就更加充满活力。

四、写简历的注意事项

1. 仔细检查
绝对不能出现错别字、语法和标点符号方面的低级错误。

2. 排版简洁
个人简历最好用 A4 标准复印纸打印，字体最好采用常用的宋体或楷体，尽量不要用花哨的艺术字体和彩色字体，排版要简洁明快，切忌标新立异。

3. 突出重点

与申请工作无关的事情尽量不写，而对你申请的工作有意义的经历和经验绝不能漏掉。要保证你的简历会使招聘者在 30 秒之内即可判断出你的价值，并且决定是否聘用你（简历以 200～300 字为宜）。

4. 附件齐全

不要仅仅邮寄你的个人简历给你应聘的公司，附上一封简短的求职信，会增加公司对你的好感。要尽量提供个人简历中提到的有关业绩和能力的证明资料，并作为附件附在个人简历的后面。一定要记住是复印件，千万不要寄原件给招聘单位，以防丢失。

5. 语言适当

一定要用积极的语言，切忌用缺乏自信和消极的语言写你的个人简历。

6. 资料齐全

个人资料里的联系方式一定要齐全，包括手机号码、固定电话、暂住或家庭地址、E-mail 等，方便招聘单位第一时间通知你参加面试或发布面试结果。

7. 照片适宜

不宜五花八门，应以一至两寸的彩色半身职业近照为佳，男士穿白衬衫、单色领带和黑色西装外套；女士可穿带衣领的白色或浅色衬衫加单色小西装或者外套，以便给 HR 一个好的第一印象。

8. 不写薪水要求

除非有要求，最好不要写上对薪水的要求。

第四节　面试

案例导入

　　某知名上市公司想招聘员工，这对很多应聘者来说是一次非常好的机会，很多人都想应聘成功。在前几轮的面试环节，面试官问了许多专业性很强的问题，有 3 名专业知识十分厉害的人进入到最终面试。当大家信心满满地走进面试场地，握着长长的演讲稿发言时，面试官在现场却什么话都没有说，只是让大家静静地站着，面试官看着。最终成绩出来时，结果让人大跌眼镜，进入最终面试的 3 个人都没有被录取。

　　大家都表示难以理解，面试官却表示，三个人的学识都非常高，然而却不懂最基本的仪表礼仪，三个人中有一名领带上还有早餐的污渍、一名坐下的时候跷着二郎腿并且老是踢到桌子角、另一名站着都驼背，这些细节都不符合上市公司的基本要求，他们应该再去多多历练。就这样，因为简单的仪表问题，三个人都跟这好机会擦肩而过。

　　求职面试需要从每个细节打造自己的形象，很多都需要长期的修养磨炼，甚至和自身所处的环境密切相关。面试，在很多情况下是与面试官的"短兵相接"，所以，你的一举一动、一言一行，都让面试官尽收眼底。所以面试礼仪就是最为重要的一个环节，礼仪是个人素质的一种外在表现形式，是面试制胜的法宝。面试礼仪这个环节又由许多小环节构成，如果对礼仪知识知之甚少，或忽视礼仪的作用，在一个小环节上出现纰漏，必然会被淘汰出局。

一、面试时应遵循的礼仪

（一）遵时守时

　　遵时守时是职业道德的一个基本要求，提前 10～15 分钟到达面试地点效果最佳，可熟悉一下环境，稳定一下心神。提前半小时以上到达会被视为没有时间观念，但在面试时迟到或是匆匆忙忙赶到却是致命的，如果你面试迟到，那么不管你有什么理由，你都会被视为缺乏自我管理和约束能力，即缺乏职业能力，给面试者留下非常不好的印象。不管什么理由，迟到都会影响自身的形象，这是一个尊重别人、尊重自己的问题。而且大公司的面试往往一次要安排很多人，迟到了几分钟，后面的面试你也很可能会因状态不佳而搞砸。

　　如果路程较远，宁可早到，不要迟到。城市很大，路上堵车的情况很普遍，对于不熟悉的地方也难免迷路。但早到后不宜提早进入办公室，最好不要提前 10 分钟以上出现在面试地点，否则聘用者很可能因为手头的事情没处理完而觉得很不方便。外企的老板往往是说几点就是几点，一般决不提前。当然，如果事先通知了许多人来面试，早到者可提早面试或是在空闲的会议室等候，那就另当别论了。对面试地点比较远，地理位置也比较复杂的，不妨先去一趟，熟悉交通线路、地形，甚至事先搞清洗手间的位置，这样你就知道了面试的具体地点，也了解了路上所需的时间。

　　但招聘人员是允许迟到的，对招聘人员迟到千万不要太介意，也不要太介意面试人员的礼仪、素养。如果他们有不妥之处，你应尽量表现得大度开朗一些，这样往往能使坏事变好事。否则，招聘人员一迟到，你的不满情绪就溢于言表，面露愠色，招聘人员对你的第一印象就会大打折扣，甚至导致满盘皆输。因为面试也是一种人际磨合能力的考查，对你来说，得体、周到的表现自然是有百利而无一害的。

（二）耐心候场

到了面试单位，不要四处张望，甚至被保安盯上；走进公司之前，口香糖和香烟都收起来；手机坚决不要开，避免面试时造成尴尬的局面，分散你的精力，影响你的成绩。一进面试单位，若有前台，则开门见山说明来意，经引导到指定区域落座，耐心等候，并保持安静及正确的坐姿。若无前台，则找工作人员求助。这时要注意文明用语，开始的"你好"和被指导后的"谢谢"是必说的。如果此时有的单位准备了公司的介绍材料，一定要仔细阅读以先期了解其情况。也可自带一些试题进行复习，而不要来回走动显示浮躁不安。假如有工作人员告诉你面试地点及时间，应当表示感谢；不要询问单位情况或向其索要材料，且不要对单位加以品评；不要驻足观看其他工作人员的工作，或在落座后对工作人员讨论的事情或接听的电话发表意见或评论，以免给人肤浅嘴快的印象；不要与别的应聘者聊天，因为这可能是你未来的同事，甚至决定你能否称职的人，你的谈话对周围人的影响是你难以把握的，这也许会导致你应聘的失败。更要坚决制止的是：在接待室恰巧遇到朋友或熟人，就旁若无人地大声说话或笑闹；吃口香糖、抽香烟、接手机。

（三）得体亮相

如果没有人通知，即使前面一个人已经面试结束，也应该在门外耐心等待，不要擅自走进面试房间。自己的名字被喊到，就有力地答一声"是"，然后再敲门进入，敲两三下是较为标准的。敲门时千万不可敲得太用劲，以里面听得见的力度为宜。听到里面说"请进"后，要回答"打扰了"再进入房间。开门关门尽量要轻，进门后不要用后手随手将门关上，应转过身去正对着门，用手轻轻将门合上。回过身来将上半身前倾30°左右，向面试官鞠躬行礼，面带微笑称呼一声"你好"，彬彬有礼而大方得体，不要过分殷勤、拘谨或过分谦让。

面试时，握手是最重要的一种身体语言。专业化的握手能创造出平等、彼此信任的和谐氛围。你的自信也会使人感到你能够胜任而且愿意做任何工作。这是创造好第一印象的最佳途径。因为这是你与面试官的初次见面，这种手与手的礼貌接触是建立第一印象的重要开始，不少企业把握手作为考察一个应聘者是否专业、自信的依据。所以，在面试官的手朝你伸过来之后就握住它，要保证你的整个手臂呈 L 型（90°），有力地摇两下，然后把手自然地放下。握手应该坚实有力，有"感染力"。双眼要直视对方，自信地说出你的名字，即使你是位女士，也要表示出坚定的态度，但不要太使劲，更不要使劲摇晃；不要用两只手握手，因为这在西方人看来不够专业。而且手应当是干燥、温暖的。如果他/她伸出手，却握到一只软弱无力、湿乎乎的手，这肯定不是好的开端。如果你刚刚赶到面试现场，用凉水冲冲手，使自己保持冷静。如果手心发凉，就用热水捂一下。

握手时，如果长时间地拖住面试官的手，偶尔用力或快速地捏一下手掌，这些动作说明你过于紧张，而面试时太紧张说明你无法胜任这项工作；轻触式握手显出你很害怕而且缺乏信心，你在面试官面前应该表现出你是个精明能干、善于与人相处的求职者；在对方还没伸手之前，就大老远地伸长手臂去够面试官的手，表示你太紧张和害怕，面试者会认为你不喜欢或者不信任他们。

在面试中，恰当使用无声语言交流的技巧，将为你带来事半功倍的效果。除了讲话以外，无声语言是重要的公关手段，主要有：手势语、目光语、身势语、面部语、服饰语等。通过仪表、姿态、神情、动作来传递信息，这些无声语言在交谈中往往能产生有声语言无法比拟的效果。形体语言对面试成败非常关键，有时一个眼神或者手势都会影响到整体评分。

握手示范

微笑是自信的第一步，也能为你消除紧张。适当微笑，能显现出一个人的乐观、豁达、自信。面试时要面带微笑，亲切和蔼、谦虚虔诚、有问必答。面带微笑会增进你与面试官的感情交流，会良好地提升你的外在形象，改善你与面试官的关系。拥有赏心悦目的面部表情的应聘者应聘成功率，远高于那些目不斜视、笑不露齿的人。不要板着面孔，苦着一张脸，这样不会给人以最佳的印象。听对方说话时，要时不时地点头，表示自己听明白了，或正在注意听。同时要不时面带微笑，当然也不宜笑得太僵硬，一切都要顺其自然。表情呆板、大大咧咧、扭扭捏捏、矫揉造作，在面试时都是不合适的。

说话时做些手势，加大对某个问题的形容力度，是很自然的，可手势太多也会分散人的注意力，需要适度地配合表达。中国人的手势往往特别多，而且几乎都一个模子。尤其是在讲英文的时候，习惯两只手不停地上下晃，或者单手比划，这一点一定要注意。平时要留意外国人的手势，了解中外手势的不同。另外注意不要用手比画"一""二""三"，这样往往会令人生厌。而且在中西方手势中，"一""二""三"的表达方式也迥然不同，用错了反而造成误解。交谈很投机时，可适当地配合一些手势讲解，但不要频繁耸肩，

微笑示范

手舞足蹈。有些求职者由于紧张，双手不知道该放哪儿，而有些人过于兴奋，在侃侃而谈时舞动双手，这些都不可取。不要有太多小动作，这是不成熟的表现，更切忌抓耳挠腮、用手捂嘴说话，这样会显得紧张，给人不专心交谈的印象。很多中国人都有这一习惯，为表示亲切而拍对方的肩膀，这对面试官很失礼。

手势示范（1）

手势示范（2）

对面试官应全神贯注，目光始终聚焦在面试人员身上，在不说话的时候，展现出自信及对对方的尊重。注意与面试官的眼神交流，这不仅是相互尊重的表示，也可以更好地获取一些信息，与面试官的动作达成默契。正确的眼神表达应该是：礼貌地正视对方，注视的部位最好是考官的鼻眼三角区（社交区）；目光平和而有神，专注而不呆板；如果有几个面试官在场，说话的时候要适当用目光扫视一下其他人，以示尊重；回答问题前，可以把视线投在对方的背景墙上，约做两三秒钟思考，不宜过长，开口回答问题时，应该把视线收回来。

服饰的大方得体、不俗不妖，能反映出求职者风华正茂，有知识、有修养、青春活泼，魅力独特，它可以在考官眼中形成一道绚丽的风景，增强你的求职竞争能力。求职者的着装要尊重社会规范，要符合社会大众的审美观，不要奇装异服，关键是整洁、大方、朴素。

进入面试房间后，在没有听到"请坐"之前，绝对不可以坐下，等考官告诉你"请坐"时才可以坐下，坐下时应道声"谢谢"。坐姿也有讲究，"站如松，坐如钟"，面试时也应该如此，良好的坐姿是给面试官留下好印象的关键要素之一。坐椅子时最好坐满三分之二，上身挺直，这样显得精神抖擞；保持轻松自如的姿势，身体要略向前倾。不要弓着腰，也不要把腰挺得很直，这样反倒会给人留下死板的印象，应该很自然地将腰伸直，并拢双膝，把手自然地放在上面。有两种坐姿不可取：一是紧贴着椅背坐，显得太放松；二是只坐在椅边，显得太紧张。这两种坐法，都不利于面试的进

正确坐姿

行。要表现出精力和热忱，过于随意的姿势会让人感到你疲惫不堪或漫不经心。切忌跷二郎腿并不停抖动，两臂不要交叉在胸前，更不能把手放在邻座椅背上，或加些玩笔、摸头、伸舌头等小动作，这容易给别人一种轻浮傲慢、有失庄重的印象。

（四）自我介绍

个人自我介绍是面试环节非常关键的一步，因为众所周知的"前因效应"的影响，这 2~3 分钟的自我介绍，将是你所有工作成绩与为人处世的总结，也是你接下来面试的基调，考官将基于你的材料与介绍进行提问。这将在很大程度上决定你在各位考官心里的形象，形象良好，才能让面试官重视你。

语言艺术是一门综合艺术，包含着丰富的内涵。一个语言艺术造诣较深的人需要具备多方面的素质，如具有较高的理论水平，广博的知识以及扎实的语言功底。如果说外在形象是面试的第一张名片，那么语言就是第二张名片，它客观反映了一个人的文化素质和内涵修养。谦虚、诚恳、自然、亲和、自信的谈话态度会让你在任何场合都受到欢迎，流畅的公关语言、极具感染力的口才将帮助你获得成功。面试时要在现有的语言水平上，尽可能地发挥口才优势。对所提出的问题对答如流，恰到好处，妙语

连珠，耐人寻味，又不夸夸其谈。

自我介绍是很好的表现机会，应把握以下几个要点：首先，要突出个人的优点和特长，并要有相当的可信度。特别是具有实际管理经验的求职者要突出自己在管理方面的优势，最好是叙述一下自己做过什么项目，语言要凝练、简洁、有力，不要拖泥带水，轻重不分。重复的语言虽然有强调的作用，但也可能使考官产生厌烦情绪，因此重复的内容，应该是浓缩的精华，要突出你与众不同的个性和特长，给考官留下些许难忘的记忆。其次，要展示个性，使个人形象鲜明，可以适当引用别人的言论，如老师、朋友等的评论来丰富自己的描述。第三，坚持以事实说话，少用虚词、感叹词一类的词语。第四，要符合常规，介绍的内容和层次应合理、有序地展开。要注意语言逻辑，介绍时应层次分明、重点突出，使自己的优势很自然地逐步显露出来。最后，尽量不要用简称、方言、土语和口头语，以免对方难以听懂。当不能回答某一问题时，应如实告诉对方，含糊其词和胡吹乱侃有可能会导致面试失败。

二、面试时应注意的事项

（一）过早露底，导致出局

王先生急需一个外贸业务助理负责工厂的联系和发货工作，看面试者接电话的架势，发现小 A 的性格干脆利落，觉得挺合适。于是他装作随意问起小 A 对职业的规划，小 A 表示，希望尽快进入年薪十万的行列。但这句话让王先生心里犯起了嘀咕：一个业务助理的职位不可能达到年薪 10 万的标准，这样的女生肯定做事不安分，说不定还是给自己找了个麻烦。反观小 B，家境不错，性格文静，对薪水要求不高，还一直表示要好好学习。学历、能力上的不足反而成了优点。"做生意的最怕内部人抢生意，找助手就要找个放心的，太能干的女生，我不想要！"王先生表示。

（二）口气太大，让人逆反

半个月前，某医药公司的一则小小的招聘业务女助理的广告迎来了120 多位应聘者，其中不乏重点大学医学院的学生。"如果你给我一个发挥的空间，我一定能让你有 N 倍的收益。"一听到类似表述，聂先生就觉得很烦，面谈以后他感觉现在的女大学生心都挺高的。"我们也知道大学生就业不容易，但是希望大家在找工作的时候，心态要平和一些，看清应聘的职位，多一些诚意，省得大家浪费时间。"聂先生感慨地说。

（三）充满自信，实力作证

"女生就业本来就不容易，我不把自己说得强一些，或者表现得强一些，用人单位就会觉得我们自信不足呀，不是说自信是求职很重要的一方面嘛。"对此，不少大四女生都表示不解。城市学院法律专业的女生小鲁更是尖锐："女生好不容易进入面试关，谁都想把自己好的一面表现出来，如果我表示自己一辈子就想做个助理，难道用人单位就觉得满意了？他们肯定也觉得这样的大学生没出息。自信、工作能力强的女生应当受欢迎呀！大家都倾向于：即使实力不足，也要表现得自信一些。"

（四）知己知彼，百战不殆

在贸易企业，有业务才能生存。从用人单位来看，他们既希望找做事能力强的助手，但是又担心太强的人挖了自己墙脚。所以不少人都喜欢招一些女性助手，威胁相对小一些。对于一些能力强的女生，除了恰如其分地展示自己的能力，不妨让自己表现得低调一些。这样的姿态更能让用人单位接受。

第五节　办公室礼仪

案例导入

　　一名职场新人进公司后，很快就成了同事们的"烦客"。她只要对哪个上司有意见，很快就会有不少这个上司的小道消息、绯闻和大家"分享"；看不惯哪个同事，就会跟办公室所有同事逐个"我只跟你讲"。而她一旦在某个方面获得不错的业绩，就马上对业绩差的同事逐一表达"关心"，指出不足……很快她就变成了不受欢迎的人。

　　之所以成为"烦客"，是因为她不懂得办公室的礼仪及谈吐原则，犯了职场禁忌，不受欢迎是当然的事情。

　　办公室是一个处理业务的场所，办公室的礼仪不仅是对同事的尊重和对公司文化的认同，更重要的是每个人为人处事、礼貌待人的最直接表现。

一、办公室环境

（1）不在公共办公区吸烟、扎堆聊天、大声喧哗。

（2）节约水电。

（3）不在办公家具和公共设施上乱写、乱画、乱贴，保持卫生间清洁。

（4）在指定区域内停放车辆。

（5）饮水时，如不是接待来宾，应使用个人的水杯，减少一次性水杯的浪费。

（6）不得擅自带外来人员进入办公区，会谈和接待安排在洽谈区域。

（7）最后离开办公区的人员应关电灯、门窗及室内电源总闸。

（8）个人办公区要保持办公桌位清洁，非办公用品不外露，桌面码放整齐。当有事离开自己的办公座位时，应将座椅推回办公桌内。

正确示范（1）　　　　　　正确示范（2）

（9）下班离开办公室前，使用人应该关闭所用机器的电源，将台面的物品归位，锁好贵重物品和重要文件。

二、进出办公室

一般情况下，无论是进出办公大楼或办公室的房门，都应用手轻推、轻拉、轻关，态度谦和讲究顺序。进出房门时，开关门的声音一定要轻。进他人的房间一定要先敲门，敲门时一般用食指有节奏地敲两三下即可。如果与同级、同辈者进入，要互相谦让一下。走在前边的人打开门后要为后面的人拉着门。假如是不用拉的门，最后进来者应主动关门。如果与尊长、客人进入，应当视门的具体情况随机应变，这里介绍通常的几种方法：

1. 朝里开的门

如果门是朝里开的，应先入内拉住门，侧身再请尊长或客人进入。

2. 朝外开的门

如果门是朝外开的，应打开门，请尊长、客人先进。

3. 旋转式大门

如果陪同上级或客人走的是旋转式大门，应自己先迅速过去，在另一边等候。

无论进出哪一类的门，在接待引领时一定要"口""手"并用且到位。即运用手势要规范，同时要说诸如"您请""请走这边""请各位小心"等礼貌用语。

出门示范

三、办公室用餐

现代工作节奏很快，单位职工或公司员工不可避免地会在办公室中用餐。在办公室中，与同事一起进餐是件方便、愉快的事，但这时你需注意一些细节，以免破坏了你在同事中树立的良好形象。这些细节如下：

（1）在办公室吃饭，拖延的时间不要太长。他人可能要即时进入工作，也可能有性急的客人来访，这会让双方都有些尴尬。

（2）开口的饮料罐，长时间摆在桌上是不雅观的，应尽快扔掉。如果不想马上扔掉，或者想等会儿再喝，应把它藏在不被人注意的地方。

开口饮料罐

（3）嘴里含有食物时，不要贸然讲话。他人嘴含食物时，最好等他咽完食物再对他讲话。由于大家围坐一堂，难免有人讲笑话，因此要防止大笑喷饭的情形，可以每口含少量的食物。

（4）吃容易乱溅以及咀嚼声音很响的食物，会影响他人，最好不吃，吃时也尽量注意点。

注意食用

（5）有强烈味道的食品，尽量不要带到办公室。即使你喜欢，也会有人不习惯的。而且其气味会弥散在办公室里，还是很损害办公环境和公司形象的。

（6）食物掉在地上，要马上捡起扔掉。餐后将桌面和地板打扫一下，是必须做的事情。

（7）准备好餐巾纸，不要用手擦拭油腻的嘴，应该用餐巾纸擦拭。

（8）及时将餐具洗干净，用完餐把一次性餐具立刻扔掉，不要长时间摆在桌子或茶几上。如有突发的事情耽搁，也记得礼貌地请同事代劳。

有强烈味道的食品

四、办公室相处

1. 真诚合作

同事之间属于互帮互助的关系，俗话说："一个好汉三个帮"，只有真诚合作，才能共同进步。

2. 同甘共苦

同事有困难，通常首先会选择亲朋帮助，但作为同事，可以主动关心，对力所能及的事应尽力帮忙，这样，会增进双方的感情，使关系更加融洽。

3. 公平竞争

同事之间的竞争是正常的，有助于同事的成长，但是切记要公平竞争，不能在背后耍心眼，做损人不利己的事情。

4. 宽以待人

同事经常在一起相处，偶尔犯错在所难免。如果出现错误，应主动向对方道歉，征得对方的谅解；应主动向对方说明误解产生的原因，不可小肚鸡肠，耿耿于怀。

五、办公室谈吐

首先就是不要跟在别人身后人云亦云，要学会发出自己的声音。老板赏识那些有头脑、有主见的员工。如果你经常人云亦云，那么你在办公室里就很容易被忽视。不管你在公司里的职位如何，你都应该发出自己的声音，敢于说出自己的想法。

不要在办公室里当众炫耀自己，不要做骄傲的孔雀。就算自己的专业技术很过硬，就算你是办公室里的红人，就算老板非常赏识你，这些也不能成为你炫耀的资本。骄傲使人落后，谦虚使人进步。你再有能耐，在职场生涯中也应该小心谨慎，强中自有强中手，倘若哪天来了个更加能干的员工，那你一定会马上成为别人的笑料。

最后要记住的是，不要把办公室当作诉说心事的地方，办公室里总有这样一些人，他们特别爱侃，性子又特别直，喜欢和别人倾吐苦水。虽然这样的交谈能够很快拉近人与人之间的距离，使你们之间变得友善、亲切起来，但心理学家经调查研究后发现，事实上，只有1%的人能够严守秘密。

所以，当你的生活出现个人危机，如失恋、婚变之类，最好还是不要在办公室里随便找人倾诉；当你的工作出现危机，如业务进展不顺利，对老板、同事有意见、有看法，你更不应该在办公室里向人随便倾诉。

六、办公室举止

在公司里的员工应保持优雅的姿势和动作。具体要求是：

1. 站姿

两脚脚跟着地，脚尖分开约45度，腰背挺直，胸膛自然挺起，颈脖伸直，头微向下，使人看清你的面孔。两臂自然下垂，不耸肩，身体重心在两脚中间。会见客户或出席仪式，或在长辈、上级面前，不得把手交叉抱在胸前。

2. 坐姿

坐下后，应尽量坐端正，把双腿平行放好，不得傲慢地把腿向前伸或向后伸，或俯视前方。要移动椅子时，应先把椅子放在应放的地方，然后再坐。

3. 相遇

公司内与同事相遇应点头行礼表示敬意。

4. 握手

握手时，目视对方眼睛，脊背要挺直，不弯腰低头，要大方热情，不卑不亢。同性间握手应先向地位低或年纪轻的伸手，异性间握手时女生应先向男方伸手。

5. 进入房间

要先轻轻敲门，听到应答声再进。进入后，回手关门时不能大力、粗暴。进入房间后，如对方正在讲话，要稍等片刻，不要中途插话。如有急事要打断对方的谈话，也要看准机会，而且要说："对不起，打断一下您的谈话。"

6. 递交物件

要把带有文字的一面朝着对方的方向递上去，如是钢笔，要把笔尖向着自己，使对方容易接着；至于刀子或剪刀等利器，应把刀尖向着自己。

7. 在通道、走廊行走时要放轻脚步

无论在自己的公司，还是在访问的公司，在通道和走廊里都不能一边走一边大声说话，更不得唱歌或吹口哨等。在通道、走廊里遇到上司或客户要礼让，不能抢行。

8. 办公纪律

办公时不能吃东西、玩游戏、睡懒觉、聊天。

七、办公室着装

办公室工作人员必须仪表端庄、整洁。具体要求是：

1. 头发

办公室人员的头发要经常清洗保持清洁，做到无异味，无头皮屑；男士的头发应前不过眉、侧不过耳；女士在办公室里尽量不要留披肩发，刘海不能过眉毛。

2. 指甲

指甲不能太长，应经常注意修剪，女员工涂指甲油要尽量用淡色。

3. 面部

女员工要化淡妆上岗，男士不能留胡须，胡须要经常修剪。

4. 口腔

保持清洁，上班前不能喝酒或吃有异味的食品。

5. 服装

服饰搭配以体现自己的精明强干为宜。男士最适合穿黑、灰、蓝三色的西服套装，女士则最好穿西装套裙、连衣裙或长裙。男士注意不要穿带有印花或大方格的衬衫；女士则不宜把露、透、短的衣服穿到办公室里去，否则会使内衣若隐若现，很不雅观。工作场所的服装应简洁、典雅，不宜做过多装饰。具体要求是：无论是什么颜色的衬衫，领子与袖口不得有污秽；在公共场所出现时，应佩戴领带，并注意与西装、衬衫的颜色相配，不得出现肮脏、破损或歪斜松弛的现象；鞋子应保持清洁，如有破损应及时修补，不要穿带金属鞋跟或钉有金属鞋掌的鞋；女性职员要保持服装淡雅得体，不得过分华丽；工作时不宜穿大衣或过分臃肿的服装。

第六节　接待礼仪

案例导入

《林肯传》中有这样一件事：一天，林肯总统与一位南方的绅士一同乘坐马车外出，途遇一老年黑人向他鞠躬。林肯点头微笑并摘帽还礼。同行的绅士问道："你为什么要向黑鬼摘帽？"林肯说："因为我不愿意在礼貌方面不如任何人。"1982年美国举行民意测验，要求人们在美国历届的40位总统中挑选一位"最佳总统"时，名列前茅的就是林肯。

在接待工作之中，对于来宾的接待乃是重中之重。要做好接待工作，重要的是要以礼待客。接待布置应注意空间条件，接待来宾的地点确定之后，往往有必要对接待室进行一些必要的布置。在接待过程中也要注意一些必要的礼仪。

一、迎送礼仪

这是职场礼仪的必要一环，这其中有许多职场人所必须知道和掌握的知识与技巧。迎来送往是常见的社交礼节。迎送是接待服务中最常见的礼仪活动。迎送活动的规格有高有低，仪式有繁有简，但几乎任何一次接待活动都不能缺少迎送礼仪。迎送的对象按其性质分，有专程前来的，也有顺道路过的；按其级别分，有职务高的，也有职务低的；按人数分，有大型的代表团，也有数人乃至一人的。接待时通常根据其身份地位、来访性质及其与当地的关系等因素，安排相应的迎送活动。

迎送示范

（一）迎送规格

一般应遵循对等或对应原则，即主要的迎送人员应与来宾的身份相当或相应。若由于特殊原因，主办方主要人员不能参加迎送活动，使双方身份不能完全对等或对应，可以灵活变通，但应及时向对方做出解释，以免产生误解。

（二）抵离时间

负责接待的工作人员应当准确了解来宾所乘交通工具的详细信息，如航班号、车次以及抵离时间。将这些情况和迎送人员名单一并通知机场（或车站），以便做好接站（或送站）准备。接、送站前，应保持与机场（或车站）的联系，随时掌握来宾所乘航班（或车次）的变化情况。如有晚点，应及时做出相应安排。接站时，迎候人员应留足途中时间，提前到达机场（或车站），以免因迟到而失礼。

（三）乘车号和住房号

如果来宾人数较多，为了在接站时避免混乱，应事先排定乘车号和住房号，并打印成表格。当来宾抵达后，将乘车表发至每一位来宾手中，使之明确自己所乘的车号，同时便于接待人员清点每辆车上的人数。住房表可随乘车号一同发放，也可以在前往下榻宾馆的途中发放。住房表可以使来宾清楚自己所住的房间，也便于来宾入住后相互之间的联系。

（四）安排车辆

根据来宾和迎送人员的人数，以及行李数量安排车辆。乘车座位的安排应遵循适当宽松的原则，正常情况下，附加座一般不安排坐人。如果来宾行李数量较多，应该安排专门的行李车。如果是按车队行进，出发前应明确行车顺序，并通知有关人员，以免行进中发生错位。

（五）献花

如安排献花，须用鲜花，并注意保持花束的整洁、鲜艳。忌用菊花、杜鹃花、石竹花、黄色花朵。有的国家习惯送花环，或者送一两支名贵的兰花、玫瑰花等。通常由儿童或女青年在参加迎送的主要领导人与客人握手之后，将花献上。有的国家是由女主人向女宾献花。

鲜花

（六）提取、托运行李

如果来宾行李较多，应安排专门的工作人员，负责清点、运送行李并协助来宾办理行李的提取或拖运手续。提取行李时如需等候，应让迎宾车队按时离开，留下有关人员及行李车装运行李；送行时，如果来宾需交付托运的行李较多，有关人员应随行李车先行，提前办理好托运手续，以避免主宾及送行人员在候机（车）厅等候过久。

（七）与宾馆协调

来宾在宾馆（饭店）的生活安排是否周到、方便，与宾馆（饭店）的服务水平密切相关，来宾抵达宾馆（饭店）时，具体事务较多，更应做好有关事项的协调衔接。当重要来宾抵达时，接待工作人员应及时通知宾馆（饭店），以方便其组织迎送、安排客房、就餐和进出行李等。来宾入住客房以便捷、迅速为原则，重要来宾、人数较多的代表团更是如此。为了避免来宾抵达后在宾馆大厅长时间地等待，接待人员应与宾馆（饭店）主动联系，密切配合，进行周密的安排。通常住房安排表应在来宾抵达宾馆（饭店）前发放，使每一个人都清楚自己入住的房号。在宾馆（或饭店）迎宾处设领钥匙处，来宾抵达时，根据他们自报的房号分发住房钥匙。也可以在保证安全的前提下，事先打开房门，使来宾抵达后直接进房。不论采用何种形式，主宾入住客房，应有专人陪同引导。来宾入住登记或办理离店手续，可在适当时间由接待人员协助办理。来宾进店时，应通知行李房，及时将来宾行李送到个人房间或集中送到某一房间；来宾离店前，应和行李房约好提取行李的时间，提取行李应适当提前，避免发车前出现主宾和送行人员长时间等待的情况。

二、称谓礼仪

人际交往，礼貌当先；与人交谈，称谓当先。使用称谓，应当谨慎，稍有差错，便容易产生误会。恰当地使用称谓，是职场中的一种基本礼貌。称谓要体现尊敬、亲切和文雅，使交谈的双方心灵得到沟通，感情融洽，缩短彼此距离。正确地掌握和运用称谓，是职场中不可缺少的礼仪因素。在一般情况下，同时与多人打招呼，应遵循先长后幼、先上后下、先近后远、先女后男、先疏后亲的原则。在人际交往中使用称呼时，一定要避免失敬于人。一般约定俗成地按性别的不同分别称呼为"小姐""女士""先生"。其中，"小姐""女士"二者的区别在于：未婚者称"小姐"，不明确婚否者则可称"女士"。

（一）按身份、尊长来称呼

当清楚对方身份时，既可以对方的职务相称，也可以对方的身份相称；当不清楚对方身份时，以性别称呼对方"某先生""某女士"，亦不失为一个好的办法。当称呼年长者时，务必要恭敬，不应直呼其名，也不可以直接称呼"老张""老王"等，尤其是年龄相差较大的两代人之间，更不可如此；"老张""老王"只能是一种称谓，不应当是称呼；可以将"老"字与其姓倒置，如"张老""王老"，或"王老先生""张老先生"。或姓加职务（或职称等），如"李主任""刘总""杨工""罗老师""陈师傅"等；总之，要有尊敬长者之意。当称呼同辈人时，可称呼其姓名，有时甚至可以去姓称名，但要态度诚恳、表情自然，体现出真诚；当称呼年轻人时，可在其姓前加"小"字相称，如"小张""小李"，或直呼其姓名，但要注意谦和、慈爱，表达出对年轻人的喜爱和关心。一定要注意称呼与称谓之间的区别。

（二）直呼其姓和名

这样称呼有一种庄重感、严肃感，一般用于学校、部队或其他正式场合。省去姓氏，只呼其名字，这样称呼显得既礼貌又亲切，运用场合比较广泛。在姓之前加一修饰字。如"老李""小刘""大陈"等，这种称呼显得亲切、真挚。一般用于在一起工作、劳动和生活中相互比较熟悉的同志之间。

（三）职务称谓就是用所担任的职务做称呼

这种称谓方式，古已有之，目的是不称呼其姓名、字号，以表尊敬、爱戴。如对杜甫，因他当过工部员外郎而被称"杜工部"，诸葛亮因是蜀国丞相而被称"诸葛丞相"等。现在人们用职务称谓的现象已相当普遍，目的是表示对对方的尊敬和礼貌。主要有三种形式：用职务称呼，如"李局长""张科长""刘经理""赵院长""李书记"等；用专业技术职务称呼，如"李教授""张工程师""刘医师"，对工程师、总工程师还可称"张工""刘总"等。还有用其从事的职业名称当作称谓的，如"李老师""赵大夫""刘会计"，不少行业可以用"师傅"相称。还可以直接以被称呼者的职业作为称呼，例如，老师、教练、医生、会计、警官等。

三、介绍礼仪

在职场中，人们需要向交往对象具体说明自己的情况，即介绍。介绍一般可分为三种，即介绍自己、介绍他人、介绍集体。

（一）介绍自己

自我介绍绝对不可缺少。自我介绍，就是在必要的社交场合，把自己展现给其他人，以使对方认识自己。恰当地自我介绍，不但能增进他人对自己的了解，还能创造出意料之外的商机。进行自我介绍时应注意三点：其一，先递名片；其二，时间简短；其三，内容完整。一般而论，正式的自我介绍中，单位、部门、职务、姓名缺一不可：姓名应当一口报出，不可有姓无名，或有名无姓；供职的单位及部门，如可能最好全部报出，具体工作部门有时可以暂不报出；有职务最好报出职务，职务较低或者无职务，则可报出目前所从事的具体工作。

1. 自我介绍的时机

自我介绍首先需要把握和选择合适的时机。在没有别人介绍，或者介绍人示意大家做自我介绍的情况下，应主动进行自我介绍。自我介绍时，应选择在对方情绪好、无干扰、有需求之时，不可打断他人的谈话。

2. 自我介绍的顺序

自我介绍标准化的顺序是"位低者先行"，即地位低的人先做介绍。主人先于客人做介绍，晚辈先于长辈做介绍，男士先于女士做介绍，等等。若是你的地位高于对方，你也可先做自我介绍，没必要硬等对方先做介绍，以免尴尬。

3. 自我介绍的形式

根据场合、环境的不同，自我介绍可以分为下述四种基本形式：

应酬式的自我介绍。适用于一般性的社交场合，它的对象主要是进行一般接触的交往对象。这种自我介绍最为简洁，往往只包括姓名一项即可，如"您好，我叫×××"。

交流式的自我介绍。适用于重要的社交场合，它是一种刻意的介绍。内容包括介绍人的姓名、籍贯、供职单位以及与交往对象的某些相似点。如"您好，我叫××，在××大学工作。我是××的同学，都是上海人"。

工作式的自我介绍。适用于工作场合，内容包括本人姓名、供职的单位及其部门、职务或从事的具体工作。如"我叫×××，在北京大学任教"。"您好，我是×××，是××公司的总经理"。

礼仪式的自我介绍。适用于报告、讲座、典礼、仪式等一些正式场合。目的是传递友善、表达敬意。内容包括姓名、供职单位以及职务等，适当加入谦辞、敬辞。

自我介绍注意事项。在做自我介绍时，应先向对方点头致意，得到回应后再向对方介绍自己。介绍时力求简明扼要，节省时间，通常以一分钟为宜，并可利用名片等资料加以辅助介绍。

自我介绍时的态度一定要亲切、大方、自然、不卑不亢，不可忸怩作态、左顾右盼。要勇于展示自己，树立自信，让别人产生希望与你交往的愿望。要把握用词的分寸，切忌一开始便炫耀自己的身份、门第、学识。也忌故意贬低自己，这会让人觉得虚假、不诚实。

（二）介绍他人

单位来了客人，一般是专职人员，如公关人员、文秘等担当介绍人；如果来了重要客人，应由本单位的最高领导担任介绍人，表示对重要客人的尊重。介绍他人时，先后顺序的标准是先卑后尊：

介绍上级与下级认识时，先介绍下级，后介绍上级。

介绍长辈与晚辈认识时，应先介绍晚辈，后介绍长辈。

介绍年长者与年幼者认识时，应先介绍年幼者，后介绍年长者。

介绍女士与男士认识时，应先介绍男士，后介绍女士。

介绍已婚者与未婚者认识时，应先介绍未婚者，后介绍已婚者。

介绍同事、朋友与家人认识时，应先介绍家人，后介绍同事、朋友。

介绍来宾与主人认识时，应先介绍主人，后介绍来宾。

介绍与会先到者与后来者认识时，应先介绍后来者，后介绍先到者。

介绍他人的时机。介绍他人的时机一般出现在以下场合：接待彼此不相识的客人；陪同领导、长者、来宾时，遇见了其不认识的人；被邀请为他人做介绍，等等。

介绍他人的形式。根据实际需要，为他人做介绍时多采用以下形式：

简介式介绍。适用于一般场合，只介绍双方姓名。

标准式介绍。适用于正式场合，主要介绍双方的姓名、供职单位和职务。

举荐式介绍。适用于正式场合，目的是将某人举荐给某人，介绍时通常会强调前者的优点和兴趣爱好。

介绍他人时，有以下两点需要注意：

第一，介绍前，应先向双方打招呼，征求一下被介绍双方的意见，使双方有思想准备，以免让被介绍人感到措手不及而造成场面尴尬。介绍人陈述的时间宜短不宜长，内容宜简不宜繁。介绍时，介绍人和被介绍人都应起立，以表示礼貌与尊重；待介绍人介绍完毕后，被介绍双方应微笑点头示意或握手致意。

第二，作为介绍人，在为他人做介绍时，态度要热情、友好、认真，切忌敷衍了事和油腔滑调。介绍双方时，要一视同仁，不可以详细介绍一方，粗略介绍另一方。在社交、商务和政务场合，所介绍的内容也应加入自己的信息，它反映了介绍人对被介绍人的评价和看法。在介绍中要避免过分赞扬某个人，不要给人留下厚此薄彼的感觉。在介绍别人时，最好使用双方全名，或是用姓氏加头衔，以示郑重。

（三）介绍集体

介绍集体是指被介绍一方或双方不止一人，实际上是介绍他人的一种特殊的情况。鉴于此，上述介绍他人的基本规则是可以使用的。此外，介绍集体时还有一个特别需要注意的规则：介绍双方时，先卑后尊。而在介绍其中一方的具体人员时，则应当先尊后卑。

1. 集体介绍的时机

集体介绍的时机一般出现在以下场合：大型的公务活动，参加者不止一方，且各方不止一人；正式的大型宴会，主持方面的人员与来宾均不止一人；涉外交往活动，参加活动的宾主双方皆不止一人；接待参观、访问者，来宾不止一人。演讲、报告、比赛，参加者不止一人；举行会议，应邀前来的与会者往往不止一人；等等。

2. 集体介绍的顺序

集体介绍的顺序与他人介绍的顺序近似。在正式、大型的交际活动中，介绍的顺序尤显重要。

当被介绍人双方的身份、地位相当时，应先介绍人数较少的一方，后介绍人数多的一方；如果被介绍的一方身份、地位尊贵或者年长，则最后介绍；在庆典、会议、比赛、会见、演讲时，可以介绍主角，而不需要一一介绍。

如果被介绍的不止两方，需要对被介绍的各方排列位次。排列的方法可以按座次顺序为准、以距介绍人的远近为准、以其负责人的身份为准、以单位名称的英文字母顺序为准、以其单位规模为准、以抵达时间的先后顺序为准等。

3. 集体介绍注意事项

集体介绍注意事项与他人介绍类似。除此之外，还应注意介绍时的声音要洪亮，要让介绍双方所有人都听得清楚；不要使用易生歧义的简称，在首次介绍时要准确地使用全称；介绍时要庄重、亲切，切勿开玩笑。

礼仪虽是生活小节，但它不仅可以展现一个人的风度与魅力，还体现了一个人的精神风貌、个人学识及文化素养。知礼懂礼、守礼行礼，是一个人立足社会的基本前提，是成就事业、获得美好人生的重要条件。为此，我们应学习并掌握礼仪知识，为创造融洽的人际关系迈出坚实的一步。

四、握手礼仪

握手是见面时最常见的礼节。因为不懂握手的规则而遭遇尴尬的场面，是谁也不愿意遇到的。行握手礼是一个并不复杂却十分微妙的问题。作为一个细节性的礼仪动作，做得好，好像没有什么显著的积极效果；做得不好，却能突兀地显示出负面效果。

（1）在正式场合，握手的先后次序主要取决于职位、身份。在社交、休闲场合，则主要取决于年纪、性别、婚否；

（2）职位高的人与职位低的人握手，应由职位高的人首先伸出手；

（3）女士与男士握手，应由女士首先伸出手；

（4）年长者与年幼者握手，应由年长者首先伸出手；

（5）长辈与晚辈握手，应由长辈首先伸出手；

（6）社交场合的先到者与后来者握手，应由先到者首先伸出手；

（7）主人待客时应先伸出手，与到访的客人握手；

（8）客人告辞时，应首先伸出手与主人握手。

握手时，另外一只手不要拿着报纸、公文包等东西不放，也不要插在衣袋里。不要在握手时争先恐后，应当依照顺序依次而行。女士在社交场合戴着薄纱手套与人握手是被允许的，而男士无论何时都不能在握手时戴着手套。除患有眼疾或眼部有缺陷者外，不允许握手时戴着墨镜。不要拒绝与他人握手，也不要用左手与他人握手，不要用双手与异性握手。握手时不要把对方的手拉过来、推过去，或者上下左右抖个不停。握手时不要长篇大论，点头哈腰，滥用热情，显得过分客套。握手时不要仅仅握住对方的手指，也不要只递给对方一截冷冰冰的手指尖。不要用很脏的手与别人握手，也不能在与他人握手之后，立即揩拭自己的手掌。

握手示范

商务场合握手礼仪的其他禁忌。一是不要在握手时面无表情、不置一词或长篇大论、点头哈腰，过分客套。二是不要拒绝握手，即使有手疾或汗湿、手脏了，也要和对方说一声"对不起，我的手现在不方便"，以免造成不必要的误会。

五、名片礼仪

一般而言，索取名片不宜过于直截了当。其可行之法有四：其一，交易法；其二，激将法；其三，谦恭法；其四，联络法。

（一）交易法

是指"将欲取之，必先予之"。也就是说，想索要别人的名片时，最省事的办法就是把自己的名片先递给对方。所谓"来而不往，非礼也"，当你把名片递给对方时，对方不回赠名片是失礼的行为，所以对方一般会回赠名片给你。

（二）激将法

是指有的时候遇到的交往对象地位身份比自己高，或者身为异性，难免有提防之心。这种情况下把名片递给对方，对方很有可能不会回赠名片。这时，不妨在把名片递给对方的时候，解释一下，如"王总，认识您非常高兴，不知道能不能有幸跟您交换一下名片"。在这种情况下，对方就不至于不回赠名片给你。即便他真的不想给你，也会找一个适当的借口而不至于使你很尴尬。

（三）谦恭法

是指在索取对方名片之前，稍做铺垫，以便索取名片。比如见到一位研究电子计算机技术的专家时你可以说："认识您非常高兴，虽然我玩电脑已经四五年了，但是与您这种专业人士相比真是相形见绌，希望以后有机会能够继续向您请教，不知道以后如何向您请教比较方便？"前面的一席话都是铺垫，只有最后一句话才是真正的目的：索取对方名片。

（四）联络法

适用于平辈和晚辈，标准说法是："认识您太高兴了，希望以后有机会能跟您保持联络，不知道怎么跟您联络比较方便？"

接受别人名片时，应有来有往，此外还需注意四点：他人递名片给自己时，应起身站立，面含微笑，目视对方；接受名片时，双手捧接，或以右手接过，不要只用左手接过；接过名片后，要从头至尾把名片认真默读一遍，意在表示重视对方；接受他人名片时，应使用谦辞，如"请您多关照"。

名片应该放在精致的名片夹中，保持整洁，并要妥善保管。一个没有名片的人，将被视为没有社会地位的人，因此要随身携带足够多的名片。

另外，最好将自己的名片夹和别人的名片夹分开，否则，一旦慌乱中递错名片，是很糟糕的事情。

名片应该在自我介绍之后递送给对方，在尚未弄清对方身份的情况下，不应急于递送名片，否则有失庄重，有时可能会被冒用，给自己造成麻烦。递名片时，晚辈应该先给长辈递送，地位低的要先给地位高的递送，男士先给女士递送。如果在有人介绍的场合，被介绍人要先递名片，在去拜访的时候，应该由拜访者

接受名片

先递出名片。不过，如果是对方先拿出来的，也不必谦让，应该大方收下，然后再拿出自己的名片来回应对方。

递名片最好选择人相对少的时候，这样互相之间也可以加深印象，如果不可避免地遇到很多人在场的情况也要慎重，同样应从长辈开始递送，但不能像发宣传单一样，随随便便就发出去，这样会大大影响你在大家心目中的形象，对方也不会重视你，记得你。在商业社交活动中尤其要有选择地递送名片，才不会使人误会你。

名片被喻为一个人的"颜面"，随意涂改，只能表明其为人处世敷衍了事，马马虎虎。因此，名片的格式和语言的选择一定要规范，如果准备与外商合作，要充分考虑到对方的国籍及语言，最好在名片的背面，用对方使用的语言再制作一遍，如果是与多个国家的外商合作时，名片背面当然就要使用国际化的英文了。

递名片时，起身微微向前倾，双手用大拇指和食指恭恭敬敬地拿好名片，将最重要的那个部分朝着对方，在国际商务交往中还要注意将对方熟悉的语言的那面朝上，同时还要说，"我是××，请多指教"。

在与上司一起出席的场合，千万要注意在上司递完名片之后再递出自己的名片。代表上司出席的时候，必然要递上司的名片，当然，附上自己的名片更好。

要注意名片上不要有两个以上的头衔。"闻道有先后，术业有专攻"，如果一个名片上有多个头衔，就会有用心不专、蒙人之嫌，因此很多有身份有地位的外国客人，身上会有好几种名片，对不同的交往对象，强调自己的不同身份，使用不同的名片。

1. 接受名片的礼仪

（1）人家给你名片，你要起身接受并表示谢意，双手接过对方的名

片，仔细阅读，然后微笑点头，最好将对方的名字和职衔念出来，并在之后的谈话中不时提及，这样会使对方感觉到你对他的重视，使其产生满足感。如有不确定的字要及时问，以免过后犯低级错误。更不能在对方的名片上做一些笔记。

（2）当你拿到对方的名片之后，一定要把自己的名片及时地递给对方，如果没有带名片，应向对方表示诚恳的歉意，并询问是否可以在另外的便签上留下自己的联系方式，或过后奉上。如果双方的话题没有结束，不要急于将对方的名片放起来。

（3）接受名片后，最忌讳的就是将名片的背面朝上放桌上，有些人还在之后的谈话中用名片在桌子上敲敲打打，这都是很不礼貌的行为，"颜面"怎么可以这么随意糟蹋呢？而且这很容易让对方觉得你的素质很低，也不要将名片随便地塞在口袋或丢在包里，应该放在名片夹里，好好保存，以示尊重。

（4）不要与对方同时递或接名片，最好先用双手接过对方的名片，然后再将自己的名片回敬给对方，当然要注意你的手指不能挡住名片上的姓名。

（5）接名片时要表现出重视、珍惜，收到的名片最好放在名片盒里，好好保管。

2. 收藏名片的礼仪

在社会的各个领域，特别是从事商务、公关营销的人的事业伙伴和朋友特别多，在你收到名片之后，不仅要保管好，而且要及时地按照姓氏、笔画、单位等进行整理，必要时要按类别输入电脑进行备份，或放到名片册里。在此特别强调无论如何不要随便扔掉别人的名片或随意给别人，对方出于对你的重视和信任才把名片给你，上面有各种联系方式，扔掉或随便给外人是非常不礼貌的，是不尊重对方的表现。

（五）结论

名片作为一种重要的书面介绍材料，在商务交往中不仅可以推销自己，还可以帮助你很快地与对方熟悉起来。当然，现代生活中名片的使用是无处不在的，有鉴于此，我们必须认真、谨慎、正确地使用名片。

六、乘车礼仪

坐车可不仅仅是"坐过去"那么简单，如果毫不注意地坐错了位置，腿脚放错了地方，或是说了不适当的话，那么，你的完美形象可就要像刚刚把你送到目的地的车一样绝尘而去了。车子虽然多种多样，但乘车礼仪很简单，很相似。

（一）小轿车

如有司机驾驶时，以后排右侧座位为尊位，左侧次之，中间座位再次之，前座右侧为末席；如果由主人驾驶，以驾驶座右侧座位为尊位，后排右侧次之，左侧再次之，而后排中间座为末席。主人夫妇驾车时，则主人夫妇坐前座，客人夫妇坐后座，男士

乘车礼仪

要服务于自己的夫人，宜开车门让夫人先上车，自己再上车。如果主人驾车，客人只有一人，应坐在主人旁边。若同坐多人，中途坐前座的客人下车后，在后面坐的客人应改坐前座，此项礼节最易疏忽。女士上车不要一只脚先踏入车内，也不要爬进车里，需先站在座位边上，把身体降低，让臀部坐到位子上，再将双腿一起收进车里，双膝一定保持合并的姿势。

（二）吉普车

尊位是副驾驶座位，因为吉普车底盘高，功率大，主要功能是越野，减震效果差，坐在后排颠簸得厉害。

（三）面包车

司机后排座位为尊，由前向后、由左而右排列。也就是说，司机后面靠窗的位子为尊位。大家知道，普通面包车的右侧为过道，最右侧靠门的座位实际上是辅助座位，既不舒适，也不安全。

（四）商务车

司机后排座位为尊，离门近者为尊位（司机后排右边靠门的座位为尊位），由前向后，由右往左，离门越近，级别越高。

（五）其他车辆

如果是中巴、大巴，中间是过道，那座次原则是离门近者为尊位，由前向后，由右往左，离门越近，级别越高，也就是说，司机后排靠门的位子是尊位，这个位子前面通常有扶手，领导上下车也方便、安全。

（六）依客人的选择确定座次

具体到副驾驶位、司机后位、司机对角线位哪个重要，要因人而异，因时而异，最标准的做法是客人坐在哪里，哪里就是尊位。所以，不必纠

正并告诉对方"您坐错了"。尊重别人就要尊重人家的选择，这就是商务礼仪中"尊重为上"的原则。有一点是必须明确的，服务人员坐面包车或中巴、大巴，应坐副驾驶位或尽量往后排坐。

（七）依驾驶员身份确定座次

乘坐双排座或三排座的轿车时，座次的具体排列，则又因驾驶员身份不同，而具体分为下述两种情况。

1. 由所乘车辆的车主驾驶轿车

在这种情况下，双排五座轿车上其他四个座位的座次，由尊而卑依次应为：副驾驶座，后排右座，后排左座，后排中座。三排七座轿车上其他六个座位的座次，由尊而卑依次应为：副驾驶座，后排右座，后排左座，后排中座，中排右座，中排左座。三排九座商务车上其他八个座位的座次，由尊而卑依次应为：前排右座、前排中座、中排右座、中排中座、中排左座、后排右座、后排中座、后排左座。当主人驾车时，若一个人乘车，则必须坐在副驾驶的座位上；若多人乘车，则必须推举一个人在副驾驶座位上就座，否则就是对主人的失敬。

2. 由专职司机驾驶轿车

在这种情况下，双排五座轿车上其他四个座位的座次，由尊而卑依次应为：后排右座、后排左座、后排中座、副驾驶座。三排七座轿车上其他六个座位的座次，由尊而卑依次应为：后排右座、后排左座、后排中座、中排右座、中排左座、副驾驶座。三排九座商务车上其他八个座位的座次，由尊而卑依次应为：中排右座、中排中座、中排左座、后排右座、后排中座、后排左座、前排右座、前排中座。

根据常识，轿车的前排，特别是副驾驶座，是车上最不安全的座位。因此，按照惯例，在公务活动中，副驾驶座，特别是双排五座轿车上的副驾驶座被称为"随员座"，专供秘书、翻译、警卫、陪同等随从人员就座。

基本的规矩是：临窗的座位为尊位，临近通道的座位为卑位。与车辆行驶方向相同的座位为尊位，与车辆行驶方向相反的座位为卑位。

在有些车辆上，乘客的座位分列于车厢两侧，而使乘客对面而坐。在这种情况下，应以面对车门一侧的座位为尊位，以背对车门一侧的座位为卑位。

（八）上下车的基本礼仪

原则是"方便领导，突出领导"。一般是让领导和客人先上，自己后上。下车时，我们先下，领导和客人后下。上车时，为领导和客人打开车

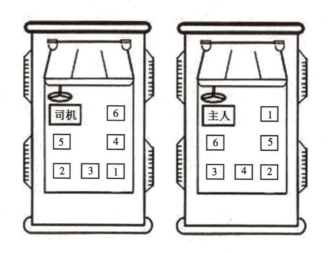

车内座位表

门的同时，左手固定车门，右手护住车门的上沿（左侧下车相反），防止客人或领导碰到头部，确认领导和客人安全地进入车厢后，轻轻地关上车门。下车时，方法相同。如果很多人同坐一辆车，那么谁最方便下车谁先下车。无论是先上后上，还是先下后下，我们都要遵循"方便领导，突出领导"的原则。

特殊情况的上车次序。如果我们外出办事，同去的人较多，对方热情相送，这时候我们应在主动向对方道谢之后，先上车等候。因为送别仪式的中心环节是在双方的主要领导之间进行的，如果所有人都非要等领导上车后再与主人道别上车，就会冲淡双方领导道别的气氛，而上车时也会显得混乱无序。所以，如果大家是同乘一辆面包车，我们要先上车，并主动坐到后排去。如果我们是分乘几辆轿车，则应上到各自的车内等候，只需留下一个与领导同车的人陪同领导道别即可。

特殊情况的下车次序。如果陪领导出席重要的欢迎仪式，到达时对方已经做好迎接准备。这个时候一定要等领导下车后我们再下车，否则就会有"抢镜头"之嫌。这种情况领导如何下车呢？如果是面包车，由领导边上的人为其开门，再避到后排，为领导下车让出通道。如果是轿车，欢迎的人群中自然会有人为领导开车门。

在正式的情况下，与他人一起乘坐轿车时，上下车的先后顺序有着一定的礼数。

如果当时的条件允许，应当请女士、长辈、上司或嘉宾首先上车，最后下车。

若您一同与女士、长辈、上司或嘉宾在双排座轿车的后排上就座，应请后者首先从右侧后门上车，在后排右座上就座。随后，应从车后绕到左侧后门登车，落座于后排左座。到达目的地后，若无专人负责开启车门，则应首先从左侧后门下车，从车后绕行至右侧后门，协助女士、长辈、上司或嘉宾下车，即为之开启车门。

由主人开车时，出于对乘客的尊重与照顾，主人可以最后一个上车，最先一个下车。

商务人员在上下车时，动作应当"温柔"一点儿，不要动辄"铿锵作响"。上下车时，不要大步跨越，连蹦带跳，像"跨栏"一样。穿短裙的女士，上车时，应首先背对车门，坐下之后，再慢慢地将并拢的双腿一齐收入，然后转向正前方。下车时，应首先转向车门，先将并拢的双脚移出车门，双腿着地后，再缓缓地移出身去。

上下车时，应当注意对高位者主动给予照顾与帮助。

商务人员如果身为低位，则在上下车时，还需主动地为高位者开关车门。具体来讲，当高位者准备登车时，低位者应当先行一步，以右手或左右两只手同时并用，为高位者拉开车门。拉开车门时，应尽量将其全部拉开，即形成90°的夹角。

在下车时，低位者可以先下车去帮助开门，以示敬意。其操作方法与上车时基本相同。

七、电梯礼仪

电梯是办公楼中的必备设施，如果在电梯中遇到上司怎么办？在电梯行进过程中，聊什么话题比较好？如果需要你接待客户，怎么引导客户坐电梯？

（一）电梯行进中

进入电梯时，应走到尽头角落处，不要怕按不到楼层键，只要轻声请别人帮忙便可以了。如果只有两个人，便可尽情聊天。如果有很多人，那一定要少说话，因为里面的每个人都在听你说话，话题太"公"不好，太"私"也不好，而且大家之间的距离非常近，说话、举止一定得注意，最安全的话题恐怕只有天气了。

电梯礼仪

（二）出电梯

很多人不懂这方面的礼仪，给他人也给自己带来不便。如果你是最后一个挤进电梯者，面向电梯门 30 秒之后，终于有人出电梯了，你会怎么做？正确的做法是：一面挡着电梯门（或按一下开门键），一面不出电梯门，腾出空间让后面的人走出来，再走回原位。如果这个时候电梯挤满了人，那么是没有"女士优先"的，无论男女，离门口近的人都要先出电梯。

（三）在电梯中遇到领导时

如果只有领导与你一同等电梯，千万记着不要尝试逃避他，要保持镇定，望着他的眼睛，有礼貌地向他打招呼，相处的过程中，只要保持微笑即可。

（四）使用电梯的注意事项

使用电梯时，应遵循先下后上的原则；等电梯时，应站在电梯门两侧，不要堵住门口；不要随意地抛扬背包、甩长发，这都会影响到他人，不要让这些漫不经心的动作给别人带来不好的印象；在等电梯时，不自觉地点按按钮是违背公共道德的。

（五）进电梯

陪同客人或长辈来到电梯门口后，先按呼梯按钮。轿厢到达，梯门打开时，若客人不止一人，自己可先行进入电梯，一手按住"开门"按钮，另一手拦住电梯侧门，礼貌地说"请进"，请客人或长辈进入电梯轿厢。如果是和自己的领导一同乘用电梯，应先按呼梯按钮，请领导先行进入。

（六）电梯内的站次

电梯中也有"上座""下座"之分，视按钮在门的一侧或者两侧而有不同。如果长辈或上级先进电梯，该位置就是"上座"，"下座"是离上级最远的位置。如果长辈或上级后来才上电梯，就让出"上座"位置。

职场人应该注意电梯礼仪，以展现自己的个人良好素质和道德修养。上电梯时，应该先按住电梯按钮，让其他人先进入电梯，自己随后进入；或者先行进入电梯，一只手按住开门按钮，另一只手按住电梯侧门，让其他人进入；主动询问其他人要去几楼，帮忙按下楼层。在电梯内，要侧身面对其他人，不要大声喧哗，也不用寒暄；到达目的楼层后，让其他人先行走出电梯，如果有客人，要主动热情地为其指引方向。当电梯里面的人很多时，先行进入电梯的人，要主动往里面走，为后进入的人腾出空间；

最后进入电梯的人要根据电梯内的人数确定自己是否进入电梯，如果自己进入会使电梯十分拥挤，或者超载铃声响起时，后上来的人要主动走出电梯，等待下一趟。如果后上来的人比较年长或者是领导，自己则应该主动走出电梯。

第五章

职场仪式礼仪

　　仪式礼仪，是现代社会的重要社交方式，也是组织方对内营造和谐氛围、增加凝聚力，对外协调关系、扩大宣传、塑造形象的有效手段。无论是主办方还是参加者，都必须遵守一定的流程、礼仪惯例，这就是仪式礼仪。在仪式上的形象、举止言行（包括书面语言），成为个人基本素质、阅历和修养的试金石。这些往往会影响他人对个人、组织的印象或评价，甚至成为一场仪式成败的重要因素。

第一节　职场仪式礼仪概述

案例导入

　　武汉市同外国某市缔结友好城市关系，在某饭店举办了大型的中餐宴会，邀请本市最著名的演员助兴。这名演员到达后，费了很长时间才找到自己的位置。当她入座后，发现同桌的许多客人都是接送领导和客人的司机，演员感到自尊心受到了伤害，没有同任何人打招呼，就悄悄离开了饭店。当时宴会的组织者并未察觉到这一点，直到宴会主持人拟邀请这名演员演唱时，才发现演员并不在现场。幸好主持人头脑灵活，临时改换了其他节目，才算没有出现冷场。

一、职场仪式礼仪的意义

　　（1）相对固定的时间、固定的地点、固定的参与人员、固定的操作流程、固定的目的，成为构成一种仪式的五要素。

　　（2）仪式代表着一种文化，通过举办仪式的方式不一定能打造出新的文化，却会将某一利益集团的仪式公之于众，仪式本身就有了实现目的的价值。

　　（3）仪式的存在，也代表某一团体力量的展现，即向外界显示自己的影响力，以达到对他人的牵制。仪式，更是一种权威的象征。

　　（4）仪式要顺利开展下去，除了口号和目的之外，还需要一些引导词。一场没有引导词的仪式，将会变得毫无头绪而无法达到既定目的。

二、职场仪式礼仪的作用

（一）职场仪式礼仪有助于塑造个人与企业的良好形象

　　职场仪式礼仪能展现企业的文明程度、管理风格和道德水准，塑造企业形象。良好的企业形象是企业的无形资产，可以为企业带来直接的经济效益。

（二）职场仪式礼仪有助于规范各种不良行为

　　职场仪式礼仪可强化企业的纪律要求，树立企业遵纪守法，遵守社会公德的良好形象。我们知道,道德是精神的东西,只能通过人的言行举止和人们处理各种关系所遵循的原则与态度表现出来。职场仪式礼仪可以使企业的规章制度、规范和道德具体化为一种固定的行为模式,从而对这些规范起到强化作用。

(三) 职场仪式礼仪有助于加强与客户间的沟通

良好的礼仪可以更好地向对方展示自己的长处和优势,它往往决定了你能否获得更好的商业机会。这是因为礼仪是一种信息,我们可以通过这个媒介向外界表达出尊敬、友善、真诚的感情。所以在商务活动中,恰当的礼仪可以获得对方的好感、信任,进而推动事业的发展。

第二节　会务

会务礼仪,是指召开会议前、会议中、会议后参会人员应注意的一系列职业礼仪规范,懂得会议礼仪对会议精神的执行有较大的促进作用。

在会议的各个环节,都应体现会务礼仪的精神。一是参会主体要适宜,遵守相应的规则。参会的主体应该拥有相应的资格和能力,会议内容不能脱离参与人的权利义务,避免浪费。二是会议形式要适宜,以有利于解决问题为度。会议的形式是区分不同类型会议的重要标志,不同的会议内容要求有不同的会议形式作为载体。在选择会议形式时,切忌将简单的会议复杂化,更忌将复杂的会议简单化。三是会议的过程要有秩序,合乎礼仪。会议程序是时间与空间的有机结合,会议的开始、中止、重新开始和结束,都必须遵守一定的时限和顺序,构成会议的时间表现形式;而会议在哪儿举行,采用什么样的方法和步骤举行,则构成会议的空间表现形式。会议座位的安排,如前排、主席台等人员座位的布置、人员入退场的次序、讲话者之间的良好衔接以及程序的各阶段划分都必须符合逻辑要求。

一、会议准备

(一) 明确目的

召开会议前首先要明确会议是要传达上层决策者的精神、策略,还是为了解决某个具体的问题或危机。不管具体的目标如何,召开会议的基本目的都是传达并贯彻所要执行的经营方针,使各个部门的经营策略与公司目标协调一致，群策群力，找到解决问题的最佳方案。

（二）选择会场

要根据参加会议的人数和会议的内容来综合考虑。最好达到以下标准：

1. 大小要适中

会场太大，人数太少，空下的座位太多，松松散散，给与会者一种不景气的感觉；会场太小，人数过多，挤在一起，像乡下人赶集，不仅显得小气，而且也无法把会开好。所以，英国首相丘吉尔曾说："绝对不用太大的房间，而只要一个大小正好的房间。"

2. 地点要合理

若会议只持续一两个小时，可以把会场定在与会人员较集中的地方。超过一天的会议，应尽量把地点定得离与会者住所近一些，免得与会者来回奔波。

3. 设施要齐全

会务人员一定要对会场的照明、通风、卫生、服务、电话、扩音、录音等设备进行检查，不能因为上次会议是在这里开的，没出什么问题，就草率地认为这回也会同样顺利。否则，可能会造成损失。此外，轿车、摩托车都要有停放处，才能保证会议顺利进行。

（三）布置会场

在布置会场的时候可根据与会人员身份的不同布置会场。

1. 圆桌型

座次安排应注意来宾或上级领导与企业领导及陪同的座次问题，来宾的最高领导应坐在朝南或朝门的正中位子，企业最高领导与上级领导相对而坐。同级别的沿对角线相对而坐。

圆桌型

2. 口字型

会议可以使用长形方桌。这种形式比圆桌型更适用于较多人数的会议。

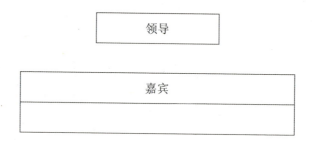

门　　　　　　　　　　　　　　　　　　领导

口字型

3. 教室型

这是采用得最多的一种形式，它适用于以传达上级精神、指示为目的的会议，这种会议的参会者人数比较多，而且与会者之间不需要讨论、交流意见。这种形式的会场的主席台是与听众席相对而坐的。

领导

嘉宾

教室型

（四）准备器材

1. 桌椅、名牌、茶水

桌椅是最基本的设备，可以根据会议的需要摆成圆桌型或教室型，如果参加会议的人数较多，一般应采用教室型，不需要准备座位牌；如果参加会议的人比较少，一般采用圆桌型，并且要制作座位牌，让与会人员方便就座。

会议上的茶水饮料最好用矿泉水，因为每个人的口味不一样，有的人喜欢喝茶，有的人喜欢喝饮料，还有的人喜欢喝咖啡，所以如果没有特别的要求，矿泉水是最能让每个人都接受的选择。

2. 签到簿、名册、会议议程

签到簿的作用是帮助与会人员了解到参会人员的多少，分别是谁，一方面使会议组织者能够查明是否有人缺席，另一方面能够方便会议的组织者根据签到簿的签到情况安排下一步的工作，比如就餐、住宿等。印刷名册可以方便主持会议的主席和与会人员尽快地掌握各位参加会议的人员的相关资料，快速加深彼此了解。

3. 黑板、白板、笔

在某些场合，与会人员需要在黑板或者白板上写字或画图来说明问题。虽然现在视听设备发展得很快，但是传统的表达方式依然受到很多人的喜爱，而且在黑板或白板上表述具有即兴、方便的特点。此外，粉笔、万能笔、板擦等配套的工具也必不可少。

嘉宾提名簿

白板

万能笔

4. 各种视听器材

现代科技的发展带来了投影仪、幻灯机、录像机、镭射指示笔或指示棒等视听设备，给人们提供了极大的方便。在召开会议前，必须先检查各种设备能否正常使用，如果要用幻灯机，则需要提前做好幻灯片。录音机和摄像机能够把会议的过程和内容完整地记录下来，有时需要立即把会议的结论或建议打印出来，这时就需要准备一台小型的影印机或打印机。

影印机

打印机

5. 资料、样品

如果会议属于业务汇报或者产品介绍，那么有关的资料和样品是必不可少的。比如在介绍一种新产品时，单凭口头的泛泛而谈是不能给人留下深刻印象的。如果能给大家展示一个具体的样品，结合样品一一介绍它的特点和优点，那么给大家留下的印象就会深刻得多。

二、排定座次

（一）主席台座次安排

主席台必须排座次、放座次牌，以便领导同志对号入座，避免上台之后互相谦让。

1. 主席台座次排列

当领导人数为奇数时，主要领导居中，2 号领导在 1 号领导左手位置，3 号领导在 1 号领导右手位置；当领导人数为偶数时，1、2 号领导同时居中，2 号领导依然在 1 号领导左手位置，3 号领导依然在 1 号领导右手位置。

主席台

	3 号领导	1 号领导	2 号领导	

奇数型

主席台

	3 号领导	1 号领导	2 号领导	4 号领导	

偶数型

2. 几个机关的领导人同时上主席台时，通常按机关的排列次序排列

可灵活掌握，不生搬硬套。如对一些德高望重的老同志，也可适当往前排，而对一些较年轻的领导同志，可适当往后排。另外，对邀请的上级单位或兄弟单位的来宾，也不一定非得按职务高低来排，通常掌握的原则是：上级单位或同级单位的来宾，其实际职务略低于主人一方领导的，可安排在主席台适当位置就座。这样，既体现出对客人的尊重，又使主客都感到较为得体。

3. 对上主席台的领导同志能否届时出席会议，在开会前务必逐一落实

领导同志到会场后，要安排在休息室稍候，再逐一核实，并告之上台后所坐方位。如主席台人数很多，还应准备座位图。如有临时变化，应及时调整座次、座次牌，防止主席台上出现座次牌放错或领导空缺的情况。还要注意认真填写座次牌，谨防错别字的出现。

（二）群众座位安排

1. 自由式择座

即不进行统一安排，而由大家自由择位而坐。

2. 按单位就座

它是指与会者在群众席上按单位、部门或者地区、行业就座。它的参考依据，既可以按照与会单位、部门的汉字笔画的多少、汉语拼音字母的前后顺序，也可以按照其平时约定俗成的序列。按单位就座时，若分为前排后排，一般以前排为高，以后排为低；若分为不同楼层，则楼层越高，排序便越低。

（三）小型会议

1. 自由择座

就是不排定固定的具体座次，而由全体与会者完全自由地选择座位就座。

2. 面门设座

一般以面对会议室正门的座位为会议主席座位，其他的与会者在其两侧自左而右地依次就座。在中国是左尊右卑，国际上是以右为上。

```
        3号位    1主席位   2号位
   ┌─────────────────────────────┐
   │                             │
   │                             │
   │                             │
   └─────────────────────────────┘

              门
```

面门型

3. 依景设座

所谓依景设座，是指会议主席的具体位置，不必面对会议室正门，而应当背依会议室之内的主要景致所在，如字画、讲台等。其他与会者的排座，则略同于前者。

当主席台人数为奇数时

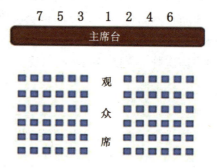

当主席台人数为偶数时

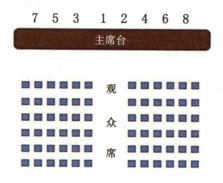

座位安排表

三、发言礼仪

会议发言有正式发言和自由发言两种，前者一般是领导报告，后者一般是讨论发言。正式发言者，应衣冠整齐，走上主席台应步态自然，刚劲有力，体现一种成竹在胸、自信自强的风度与气质。发言时应口齿清晰，讲究逻辑，简明扼要。如果是书面发言，要时常抬头扫视一下会场，不能总是低头读稿、旁若无人。发言完毕，应对听众的倾听表示谢意。

自由发言则较随意，但要注意发言应讲究顺序和秩序，不能争抢发言；发言应简短，观点应明确；与他人有分歧时，应以理服人，态度平和，听从主持人的指挥，不能只顾自己。

如果有与会人员对发言人提问，应礼貌作答，对不能回答的问题，应机智而礼貌地说明理由，对提问人的批评和意见应认真听取，即使提问者的批评是错误的，也不应失态。

四、主持礼仪

各种会议的主持人，一般由具有一定职位的人来担任，其礼仪表现对会议能否圆满成功有着重要的影响。

（1）主持人应衣着整洁，大方庄重，精神饱满，切忌不修边幅。

（2）走上主席台的步伐应稳健有力，行走的速度因会议的性质而定，对比较隆重的会议，步速应较慢。

（3）入席后，如果是站立主持，应双腿并拢，腰背挺直。单手持稿时，用右手持稿件的底中部，左手五指并拢自然下垂。双手持稿时，应与胸齐高。坐姿主持时，应身体挺直，双臂前伸。两手轻按于桌沿，主持过程中，切忌出现搔头、揉眼、跷腿等不雅动作。

（4）主持人发言应口齿清楚，思维敏捷，简明扼要。

（5）主持人应根据会议的性质调节会议气氛，或庄重，或幽默，或沉稳，或活泼。

（6）主持人对会场上的熟人不能打招呼，更不能寒暄闲谈，会议开始前，可点头、微笑致意。

五、参会礼仪

开会前，如果你临时有事不能出席，必须通知对方。参加会议前要多听取上司或同事的意见，准备好参加会议所需的资料。

会议参加者应衣着整洁，仪表大方，准时入场，进出有序，依会议安排落座。开会时应认真听讲，关闭手机，仔细记录，不要私下小声说话或交头接耳。如果准备发言请举手示意，得到允许后再发言，不要打断别人的发言，发言人发言结束时，应鼓掌致意。中途退场应轻手轻脚，不影响他人。开会时不要说悄悄话和打瞌睡，没有特别的情况不要中途退席，即使要退席，也要征得主持会议的人同意。要利用参加会议的机会，与各方面保持沟通，建立良好的人际关系。会议结束后，向主席致谢，向结识的新朋友友好道别，向在会议中做了精彩发言的同事表示祝贺。

六、茶水礼仪

（1）在会议前要多准备些不同种类的茶叶，这样客人来了的话，其选择就多了。在给客人添加茶水前，要先问问人家是要喝茶还是要喝别的，如果得知客人爱喝茶，那就把准备的茶叶一一报出来。

（2）茶具的准备。一定要在开会前把茶具洗干净，尤其是添了好久不倒的茶水，杯子中会留下茶渍，更要细心刷洗。在给客人倒茶之前要用开水烫一下杯具。

（3）个人卫生的准备。会议开始前，相关的会议服务人员首先要看看自己的穿着和打扮是否合适，尤其是手部。

（4）我们在给客人倒茶的时候注意不要倒得太满，也不能太少，一般就是十分之七、八左右。茶叶也不要加太多或太少，这样会使茶水过浓或过于清淡，影响口感。如果有客人主动告诉你自己喝茶的习惯，那就把握好那个度。

（5）我们的会议服务人员一般应站在客人的右后方倒茶，当你走上前时要先告知客人，比如"为您奉茶"之类的话，以防他突然向后转碰到杯子，这样会比较尴尬。

（6）对于有盖的杯子，注意应该用我们右手的中指和无名指将盖子轻轻的地夹住，然后用大拇指、食指和小拇指将杯子取起，站在客人右后侧方，用左手将容器填满，如果杯子有柄则将其转至右侧。

（7）及时为客人添茶，不能让其空杯。先给坐在上座的重要宾客倒茶，然后按照顺序给其他宾客倒茶。

第 六 章

职场社交礼仪

　　社交礼仪是指人们在人际交往过程中所具备的基本素质、交际能力等。社交在当今社会的人际交往中发挥的作用愈显重要。通过社交，人们可以沟通心灵，建立深厚的友谊，从而获得支持与帮助；通过社交，人们可以互通信息，共享资源，对取得事业成功大有裨益。

第一节　社交礼仪概述

案例导入

　　某酒店的晚会邀请了许多大型公司的负责人现场进行业务洽谈，××公司的赵总看到了久闻大名的××公司的负责人刘总。晚餐会上，赵总主动上前做自我介绍，并递给了对方一张名片。刘总接过名片后，马马乎乎地用眼睛瞄了一下，放在了桌子上，然后继续用餐，赵总顿时觉得心情不好，不知道刘总是什么意思，以为是对方瞧不起他，于是气愤地走开，心想，以后有什么业务都不会与他们公司合作。

　　社交礼仪是指在人际交往、社会交往和国际交往活动中，用于表示尊重、亲善和友好的首选行为规范和惯用形式。社交礼仪的直接目的是表示对他人的尊重。尊重是社交礼仪的本质。人都有被尊重的高级精神需要，当在社会交往活动过程中，按照社交礼仪的要求去做，就会使人获得尊重，从而获得愉悦，由此达到人与人之间关系的和谐。

一、社交礼仪的功能

　　人际关系是看不到摸不着的一个圈子，有一个良好的人际圈，会让自己生活得快乐和轻松。人是群居动物，都具有社会性，是不能离开人际交往而生存的。社交礼仪则是一种在人际交往中的行为规范，恰当的礼仪可以使自己给他人留下良好的印象，因而建立起更为良好的人际圈。在人际交往中，优秀的社交礼仪必不可少。

　　首先，通过社交礼仪，我们可以得到自己需要的信息和知识，寻求友谊和理解，塑造自身的形象。通过社交礼仪，我们可以建立良好的社交关系，得到认同、尊敬、友谊等。通过社交礼仪我们可以建立自己的人际圈，从中找到自信，体验到自身价值的存在感。

　　其次，只有在人际交往中才能表现出社交礼仪，社交礼仪是不能单独存在的，而社交礼仪的加入也使人际交往的内容更加丰富。懂得正确的社交礼仪，不但能够顺利地进行人际交往，还能得到归属感和被尊重感。

　　（1）有助于提高人们的自身修养，培养社交的实际能力，养成良好的礼仪习惯，提高基本的文明教养。

（2）能够帮助你顺利地走向社会，更好地树立起自身的形象，在与人交往中给人留下彬彬有礼、温文尔雅的美好印象。

（3）消除你在职场上的胆怯与害羞，给你平添更多的信心和勇气，使自己知礼懂礼。社交礼仪有助于获取信息、有益于信息交流，是适应现代信息社会的需要；更重要的是，社交是人与人之间交流的纽带，利用社交，就能从对方那里获取"另一半丰富的信息"。

（4）礼仪是企业文化、企业精神的重要内容，是企业形象的主要附着点。社交礼仪可以塑造单位形象，提高顾客满意度和美誉度，并最终达到提升单位经济效益和社会效益的目的。

二、社交礼仪的作用

社交礼仪是一种道德规范，它可以代表道德观念以及文明程度。对待身边所有的人都要讲礼仪、懂礼貌，才能建立良好的人际关系。面对家人、亲戚也不能丢掉礼仪，对待我们最亲的人，更应该展现我们最好的一面。知书达理之人必有一种高雅的气质，会得到更多人的喜爱和尊重。在当今这个缺乏信任感的社会中，就是因为有太多的人不懂得社交礼仪，导致被人冷嘲热讽。在人际交往中，要用适当多样化的社交礼仪来规范自己，形成一个良好的习惯，给交往对象留下良好的形象，这样在社会中生存才会更加顺畅，即所谓的"懂礼仪，走天下"。

社交礼仪是人际交往中的桥梁。它可以帮助人们建立良好的人际关系，在人际交往中，社交礼仪是重要的润滑剂，是人与人沟通的必要条件。人们在相互接触中能够加深了解，通过人际交往也可以沟通意见，而社交礼仪就为这些做了润滑的作用，促进了人们的情感交流，使人际关系得到改善或者良好的保持。社交礼仪还可以使人际关系和谐发展，它是一种调节器，也是一种助燃剂。不同地区不同民族的人都有各自的社交礼仪，所以要正确恰当地运用社交礼仪才能起到调节和助燃的作用。多讲礼仪，不会有人怪罪；多讲礼仪，会使人们更加融洽；多讲礼仪，会使人更加舒畅。学会正确的社交礼仪，可以改善已有的不良人际关系，使自己与他人都能够舒畅地生活，为自己的生活圈子增加色彩。

综合来讲，人们从事社交活动的主要目的有以下三点。

1. 增进感情

在社交上投入的时间将带来感情上的收获。

2. 建立关系

社交在很多情况下是诸如商业合作、感情姻缘等关系的纽带。在建立关系的过程中，记得要学会维护这种关系，避免遗忘。

3. 充实自我

拥有丰富的人生阅历和情感体验。

三、社交礼仪的原则

1. 互惠原则

社交是生活中不可避免的一堂课，学习好的社交方式是自己在交往生活中获得知识的直接方式。

2. 平等原则

社交是在双方互相尊重、地位平等的基础上发展起来的。

3. 信用原则

信用是人和人之间敞开心扉的基础，一个拥有高信用度的人会在社交中得到更多收获。

4. 相容原则

与人交往难免会遇到矛盾与不和谐的地方，这就需要互相包容。有时退一步，可能会化解一场危机。

5. 发展原则

与人社交就是一个与人相处的过程，需要持续不断地进行了解进而加深关系。

第二节　宴会

💬 案例导入

吴先生接到了合作公司周先生的宴会邀请，于是在宴会当天精心准备了一番，来到了宴会地点。当他向迎宾处负责接待的礼仪人员说出自己的名字时，对方却说名单上没有他的名字。吴先生稍有不悦，可也没太在意，自己想着进去找找座位再说，结果，在会场找了一大圈，他都没看见自己的座位卡，心里非常生气。好不容易找到了主人周先生，他却说："不好意思，忙中出错，忘记了写上你的名字"。这声道歉却让吴先生并不满意，心想：既然都没有要我参加的意思，那我何必在这呢？于是气愤地走开了。

宴会是因习俗或社交礼仪需要而举行的宴饮聚会，是社交与饮食结合的一种形式。人们通过宴会，不仅能获得饮食艺术的享受，而且可以增进人际间的交往。宴会起源于社会及宗教发展的朦胧时代。早在农业出现之前，原始氏族部落就在季节变化的时候举行各种祭祀、典礼仪式，这些仪式往往包括聚餐活动。农业出现以后，因季节的变换与耕种和收获的关系更加密切，人们也要在规定的日子里举行盛宴，以庆祝季节的更新和食物的收获。

一、宴会的准备

宴会具有很重要的礼仪作用，有严格的礼仪要求。宴请宾客是一种较高规格的礼遇，所以主办单位或主人一定要认真、周到地做好各种准备工作。

（一）明确对象、目的、范围、形式

1. 对象

首先要明确宴请的对象，主宾的身份、国籍、习俗、爱好等，以便确定宴会的规格、主陪人、餐式等。

2. 目的

宴请的目的是多种多样的，可以是为了表示欢迎、欢送、答谢，也可以是为了表示庆贺、纪念，还可以是为某一事件、某一个人等。明确了目的，也就便于安排宴会的范围和形式。

3. 范围

宴请哪些人参加，请多少人参加都应当事先明确。主客双方的身份要对等，主宾如携夫人，主人一般也应以夫妇名义邀请。哪些人作陪也应认真考虑。对出席宴会人员还应列出名单，写明职务、称呼等。

4. 形式

宴会形式可根据宴请规格、对象、目的确定为正式宴会、冷餐会、酒会、茶会等形式。目前世界各国礼宾工作都在改革，已逐步走向简化。

（二）选择时间、地点，主人确定宴会时间

应该选择主宾双方都能接受的时间，一般不选择在重大节日、假日，也不安排在双方禁忌日。选择宴会日期，要与主宾进行商定，然后再发邀请函。地点的选择，也要根据规格来考虑。

（三）邀请方式

大型的宴会一般都要用请柬正式发出邀请。这样做一方面是出于礼

节，另一方面也是为了防止客人忘记。小型的宴请可以先电话或当面邀请，再发短信予以备忘。邀请内容应包括：活动的主题、形式、时间、地点、主人姓名。请柬要清晰美观，打印要精美，一般应提前两周发出。小型的宴请也应至少提前一周与客人确定。

宴会请柬

（四）安排席位

宴会一般都要事先安排好桌次和座次，以便参加宴会的人都能各就各位，入席时井然有序。席位的安排也体现出对客人的尊重。桌次地位的高低，以距主桌位置的远近而定，以主人的桌为基准，右高、左低，近高、远低。座次地位的高低，以主人的座位为中心，如果女主人参加时，则以主人和女主人为基准，近高远低，右上左下，依次排列。把主宾安排在最尊贵的位子，即主人的右手位子，主宾夫人安排在女主人右手位子。主人方面的陪客，尽可能与客人相互交插，便于交谈交流，要避免自己人坐在一起，冷落客人。席次确定后，座位卡和桌次卡放在桌前方的中间。

席位安排

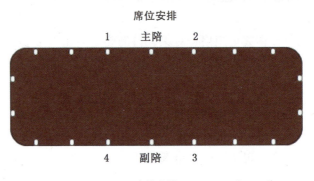

座位安排

（五）拟订菜单和用酒

应考虑以下几点：规格身份、宴会范围；精致可口、赏心悦目、特色突出；尊重客人饮食习惯、禁忌；注意冷热、甜咸、色香味搭配。

二、宴会的流程

（一）迎宾

宴会开始前，主人应站在大厅门口迎接客人。对规格高的贵宾，还应组织相关负责人到门口列队欢迎。客人来到后，主人应主动上前握手问好。

菜系要求

（二）入席

主人请客人走在自己右侧上手位置，向休息厅或直接向宴会厅走去。休息厅内的服务人员帮助来宾脱下外套、接过帽子。客人坐下后送上茶水。主人陪主宾进入宴会厅主桌，接待人员引导其他客人入席后，宴会即可开始。

（三）点菜

如果时间允许，一般应等客人到齐之后，将菜单呈上，供客人传阅，并请他们点菜。当然，作为公务宴请，你会担心预算的问题，因此，要控制预算，你最重要的是要多做饭前功课，选择合适档次的请客地点是比较重要的，这样客人也能领会你的意图。况且一般来说，如果是你来买单，客人也不太好意思点菜，都会让你来做主。如果你的老板也在酒席上，千万不要因为尊重他，或是认为他应酬经验丰富，酒席吃得多，而让他/她来点菜，除非是他/她主动要求；否则，他会觉得不够体面。

如果你是赴宴者，你应该知道自己不该在点菜时太过主动，而是要让主人来点菜。如果对方盛情要求，你可以点一个不太贵、又不是大家忌口的菜。记得征求一下桌上客人的意见，特别是问一下"有没有哪些是不吃的？"或是"比较喜欢吃什么？"让大家感觉被照顾到了。点菜后，可以请示"我点了菜，不知道是否合几位的口味""要不要再来点儿其他的什么"，等等。

点菜时，可遵照三个规则：

一看人员组成。一般来说，人均一菜是比较通用的规则。如果是男士较多的餐会，可适当加量。

二看菜肴组合。一般来说，一桌菜最好是有荤有素，有冷有热，尽量做到全面。如果桌上男士多，可多点些荤食，如果女士较多，则可多点几道清淡的蔬菜。

三看宴请的重要程度。若是普通的商务宴请，平均一道菜在50元到80元左右可以接受。如果宴请的对象是比较关键的人物，那么则要点上几个够份量的菜，规格要高一点。

还有一点需要注意的是，点菜时不应该问服务员菜肴的价格，或是讨价还价，这样会让你在客户面前显得有点儿小家子气，而且客户也会觉得不自在。

（四）致辞、祝酒

正式宴会一般都有致辞和祝酒的环节，但时间不尽相同。我国习惯在开宴之前讲话、祝酒、客人致辞。在致辞时，全场人员要停止一切活动，聆听讲话，并响应致辞人的祝酒，在同桌的客人之间互相碰杯，这时宴会正式开始。西方国家的致辞、祝酒习惯安排在食用热菜之后，吃甜食之前，至于冷餐会和酒会的致辞则更灵活些。

（五）敬酒

敬酒之前需要斟酒。按照规范来说，除主人和服务人员外，其他宾客一般不要自行给别人斟酒。如果主人亲自斟酒，应该用本次宴会上最好的酒斟，宾客都要端起酒杯致谢，必要的时候应该起身站立。如果是作为大型的商务用餐来说，都应该是服务人员来斟酒。斟酒一般要从位高者开始，然后顺时针斟。如果不需要酒了，可以把手挡在酒杯上，说声"不用了，谢谢"就可以了。这时候，斟酒者就没有必要非得一再要求斟酒。中餐里，别人斟酒的时候，也可以回敬以"叩指礼"。特别是自己的身份比主人高的时候。即以右手拇指、食指、中指捏在一起，指尖向下，轻叩几下桌面表示对斟酒的感谢。白酒和啤酒可以斟满，而其他洋酒就不必斟满了。

敬酒应该在特定的时间进行，并以不影响来宾用餐为首要考虑。敬酒分为正式敬酒和普通敬酒。正式的敬酒，一般是在宾主入席后、用餐前就可以开始敬，一般都是主人来敬，同时还要说规范的祝酒词。而普通敬酒，只要是在正式敬酒之后就可以开始了。但要注意是在对方方便的时候，比如他当时没有和其他人敬酒，嘴里没有咀嚼食物的情况下，而且，如果向同一个人敬酒，应该等身份比自己高的人敬过之后再敬。

| 波尔多红酒杯 | 勃艮第红酒杯 | 白葡萄酒杯 | 郁金香型香槟杯 | 香槟笛杯 | 白兰地杯 |

酒杯类型

敬酒顺序在一般情况下应按年龄大小、职位高低、宾主身份为序，敬酒前一定要充分考虑好敬酒的顺序，分清主次，避免出现尴尬的情况。即使你分不清客人职位、身份的高低，也要按统一的顺序敬酒，比如先从自己身边按顺时针方向开始敬酒，或是从左到右、从右到左进行敬酒等。

无论是主人还是来宾，如果是在自己的座位上向集体敬酒，就应该首先站起身来，面含微笑，手拿酒杯，面朝大家。当主人向集体敬酒、说祝酒词的时候，所有人应该一律停止用餐或喝酒。主人提议干杯的时候，所有人都要端起酒杯站起来，互相碰一碰。按国际通行的做法，敬酒不一定要喝干。但即使平时滴酒不沾的人，也要拿起酒杯抿上一口，以示对主人的尊重。除了主人向集体敬酒，来宾也可以向集体敬酒。来宾的祝酒词可以说得更简短些，甚至一两句话都可以。平时涉及礼仪规范内容更多的还是普通敬酒。普通敬酒就是在主人正式敬酒之后，各个来宾和主人之间或者来宾之间可以互相敬酒，同时说一两句简单的祝酒词或劝酒词。别人向你敬酒的时候，要手举酒杯到双眼的高度，在对方说了祝酒词或"干杯"之后再喝。喝完后，还要手拿酒杯和对方对视一下，这一过程才结束。

在我们国家，敬酒的时候还要特别注意。敬酒无论是敬的一方还是接受的一方，都要注意因地制宜、入乡随俗。我国大部分地区特别是东北、内蒙古等北方地区，敬酒的时候往往讲究"端起即干"。在他们看来，这种方式才能表达诚意、敬意。所以，在具体的应对上就应注意，自己酒量欠佳应该事先诚恳说明，不要看似豪爽地端着酒去敬对方，而对方一口干了，你却只是"意思意思"，这往往会引起对方的不快。另外，对于敬酒人来说，如果对方确实酒量不济，没有必要去强求。喝酒的最高境界应该是"喝好"而不是"喝倒"。

在中餐里还有一个讲究，即主人亲自向你敬酒干杯后，要回敬主人，和他再干一杯。回敬的时候，要右手拿着杯子，左手托底，和对方同时喝。干杯的时候，可以象征性地和对方轻碰一下酒杯，不要用力过猛，非听到响声不可。出于敬重，可以使自己的酒杯略低于对方的酒杯。如果和对方相距较远，可用酒杯杯底轻碰桌面，表示碰杯。

和中餐不同的是，西餐用来敬酒、干杯的酒，一般都用香槟。而且，只是敬酒不劝酒，只敬酒而不真正碰杯。还不可以越过自己身边的人和相距较远者祝酒干杯，尤其是交叉干杯。

（六）用餐过程

中餐宴席进餐伊始，服务员送上的第一道湿毛巾是擦手的，不要用它去擦脸。上一些需要用手去辅助吃的菜时，会送上一只小小水盂，其中漂着柠檬片或玫瑰花瓣，它不是饮料，而是洗手用的。洗手时，可两手轮流沾湿指头，轻轻涮洗，然后用小毛巾擦干。

用餐时要注意文明礼貌。对外宾不要反复劝吃菜，可向对方介绍中国菜的特点，吃不吃由他。有人喜欢向他人劝菜，甚至为对方夹菜。外宾没这个习惯，你要是一再客气，没准人家会反感："说过不吃了，你非逼我干什么？"依此类推，参加外宾举行的宴会，也不要指望主人会反复给你让菜。你要是等别人给自己夹菜，那就只好饿肚子了。

客人入席后，不要立即动手取食，而应待主人打招呼，由主人举杯示意开始时，客人才能开始用餐，客人不能抢在主人前面用餐。夹菜要文明，应等菜肴转到自己面前时，再动筷子，不要抢在邻座前面，一次夹菜也不宜过多。要细嚼慢咽，这不仅有利于消化，也是餐桌上的礼仪要求。绝不要大块往嘴里塞，狼吞虎咽，这样会给人留下贪婪的印象。不要挑食，不要只盯住自己喜欢的菜吃，或者急忙把喜欢的菜堆在自己的盘子里。用餐的动作要文雅，夹菜时不要碰到邻座，不要把盘里的菜拨到桌上，不要把汤泼翻。不要发出不必要的声音，如喝汤时的声音"咕噜咕噜"，吃菜时嘴里"叭叭"作响，这都是粗俗的表现。不要一边吃东西，一边和人聊天。嘴里的骨头和鱼刺不

文明用餐

餐具摆放

要吐在桌子上，可用餐巾掩口，用筷子取出来放在碟子里。掉在桌子上的菜，不要再吃。进餐过程中不要玩弄碗筷，或用筷子指向别人。不要用手

去嘴里乱抠。用牙签剔牙时，应用手或餐巾掩住嘴。不要让餐具发出任何声响。主人应努力使宴会气氛融洽，活泼有趣。要不时地找话题进行交谈。还要注意主宾用餐时的喜好，掌握用餐的速度。

（七）用餐完毕

用餐结束后，可以用餐巾、餐巾纸或服务员送来的小毛巾擦擦嘴，但不宜擦头颈或胸脯；餐后不要不加控制地打饱嗝或嗳气。在主人还没示意结束时，客人不能先离席。吃完水果后，在客人告辞时，主人应热情送别，感谢他的光临。

三、宴会的出席

宴会是否成功，主人处于主导地位，主人要以客人的需要、习惯、兴趣安排一切。而应邀赴宴的客人的密切配合也是决不可忽视的。

（一）应邀

接到邀请后，不论能否赴约，都应尽早做出答复。不能应邀的，要婉言谢绝。接受邀请的，不要随意变动，按时出席。确有特殊情况，不能前去的，要提前解释，并深致歉意。作为主宾不能如约的，更应郑重告知，甚至登门解释、致歉。

（二）守时

赴宴不得迟到。迟到是非常失礼的，但也不可去得过早。去早了主人未准备好，难免尴尬，也不得体。

（三）抵达

主人前来握手，应及时向前响应，并问好、致意。

（四）入席

在服务人员的引导下入座。注意找到自己的座位卡入座，不要坐错了位置。

（五）姿态

坐姿应自然端正，不要太僵硬，也不要往后倒靠在椅背上。肘不要放在餐桌上，不要托腮，眼光应随主人的手势而动，不要紧盯菜盘。

（六）餐巾

当主人拿起餐巾时，自己也可以拿起餐巾，打开放在腿上，千万不要别在领口，挂在胸前。

（七）交谈

边吃边谈是宴会的重要形式，应当主动与同桌的客人交谈，特别应注意多同主人方面的客人交谈，不要总是和自己熟悉的人谈话。话题要轻松、高雅、有趣，不要涉及对方敏感、不快的问题，不要对宴会和饭菜妄加评论。

（八）中餐礼仪

1. 由多桌组成的宴请桌次排序

在安排多桌宴请的桌次时，除了要注意"面门定位""以右为尊""以远为上"等规则外，还应兼顾其他各桌距离主桌的远近。通常，距离主桌越近，桌次越高；距离主桌越远，桌次越低。

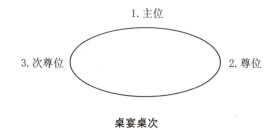

1.主位

3.次尊位　　　2.尊位

桌宴桌次

在安排桌次时，所用餐桌的大小、形状要基本一致。除主桌可以略大外，其他餐桌都不要过大或过小。

为了确保赴宴者及时、准确地找到自己所在的桌次，可以在请柬上注明对方所在的桌次、在宴会厅入口处悬挂宴会桌次排列示意图、安排引位员引导来宾按桌就座，或者在每张餐桌上摆放桌次牌（用阿拉伯数字书写）。

2. 主人单独宴请时的位次排序

在本次排序中，以主人为主心，其余座位遵照"以右为贵"的原则依次按"之"字形飞线排列，同时要做到主客相间。

3. 男女主人共同宴请时的座次排序

男女主人共同宴请时的排序方法是一种主副相对、以右为贵的排列。男主人坐上席，女主人位于男主人的对面。宾客通常随男女主人，按右高左低的顺序依次按对角飞线排列，同时要做到主客相间。

4. 同性别双主人宴请时的座次排序

第一、第二主人均为同性别人士或在正式场合下宴请时用的方法，这种座次排序要主副相对、按"以右为贵"的原则依次按顺时针排列，同时要做到主客相间。

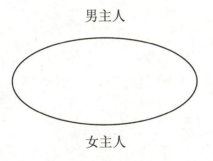

男女主人宴请

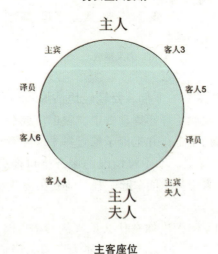

主客座位

（九）西餐礼仪

1. 刀叉

手握叉子时不要像握大提琴那样，或像握匕首那样。另外，说话时不要手握刀叉在空中飞来舞去，也不要将刀叉的一头搭在盘子上，另一头放在餐桌上。刀叉一旦拿起使用，就不能再放回原处。刀子放在盘子上时，刀刃要朝里，刀头在盘子里，刀把放在盘子边缘上。使用刀叉进餐时，要从外侧往内侧取用刀叉，要左手持叉，右手持刀；切东西时左手拿叉按住食物，右手执刀将其切成小块，用叉子送入口中。使用刀时，刀刃不可向外。进餐中放下刀叉时应摆成八字形，分别放在餐盘边上。刀刃朝向自身，表示还要继续吃。每吃完一道菜，将刀叉并拢放在盘中。如果是谈话，可以拿着刀叉，无须放下。不用刀时，可用右手持叉，但若需要做手势时，就应放下刀叉，更不要一手拿刀或叉，而另一只手拿餐巾擦嘴，也不可一手拿酒杯，另一只手拿叉取菜。

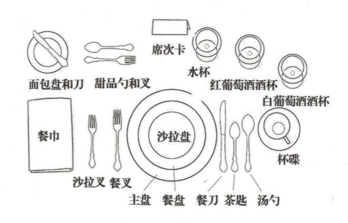

面包盘和刀　甜品勺和叉　席次卡　水杯　红葡萄酒酒杯　白葡萄酒酒杯

餐巾　沙拉盘　杯碟

沙拉叉　餐叉　主盘　餐盘　餐刀　茶匙　汤勺

刀叉摆放

2. 餐巾

不要拿餐巾用力擦脸的下部，要轻轻地沾擦。不要抖开餐巾再去折叠，不要在空中像挥动旗子那样挥动餐巾。餐巾应放在大腿上，如果离开餐桌，要将餐巾放在椅子上，并把椅子推近餐桌，注意动作要轻。用餐结束时不要折叠餐巾，否则，不了解情况的服务生可能会再给别的客人使用。用餐结束时要将餐巾从中间拿起，轻轻地放在餐桌上盘子的左侧。

3. 吃相

嚼东西时嘴要闭紧，无论你有什么惊人的妙语，时机多么恰到好处，只要嘴里有食物，绝不能开口说话。不能为了着急说话而马上将食物吞下，要保持细嚼慢咽的姿势，将食物咽下后会意地露出笑容，以传达你内心的活动：刚才完全可以有妙语出口，只是口中有食物。

喝汤时不要啜，不要舔嘴唇或咂嘴发出声音。如汤菜过热，可待稍凉后再吃，不要用嘴吹。喝汤时，用汤勺从里向外舀，汤盘中的汤快喝完时，用左手将汤盘的外侧稍稍翘起，用汤勺舀净即可。吃完汤菜时，将汤匙留在汤盘（碗）中，匙把指向自己。

面包上抹黄油尤其要注意，将面包掰成可以一口吃下的小块，临吃前在小块上抹黄油，不要图方便将整个面包都抹上黄油。吃面包不可吃到连调味汁都不剩，这是对厨师的尊重。注意不要把面包盘子"舔"得很干净，而要用叉子叉住已撕成小片的面包，再蘸一点儿调味汁来吃，这才是

文明喝汤

雅观的吃法。吃鱼、肉等带刺或骨的菜肴时，不要直接外吐，可用餐巾揩嘴轻轻吐在叉上放入盘内。如盘内剩余少量菜肴时，不要用叉子刮盘底，更不要用手指相助食用，应以小块面包或叉子相助食用。吃面条时要用叉子先将面条卷起，然后送入口中。

吃鸡时，欧美人多以鸡胸脯肉为贵。吃鸡腿时应先用力将骨去掉，不要用手拿着吃。吃鱼时不要将鱼整个翻过来，要吃完上层后用刀叉将鱼骨剔掉后再吃下层。吃肉时，要切一块吃一块，块不能切得过大，或一次将肉都切成块。

喝咖啡时如愿意添加牛奶或糖，添加后要用小勺搅拌均匀，然后将小勺放在咖啡的垫碟上。喝时应右手拿杯把，左手端垫碟，直接用嘴喝，不要用小勺一勺一勺地舀着喝。

吃水果时，不要拿着水果整个去咬，应先用水果刀切成四瓣再用刀去掉皮、核，然后用叉子叉着吃。

用刀叉吃有骨头的肉时，可以用手拿着吃。若想吃得更优雅，还是用刀比较好。用叉子将整片肉固定（可将叉子朝上，用叉子背部压住肉），再用刀沿骨头插入，把肉切开，最好是边切边吃。

咖啡

必须用手吃时，服务员会附上洗手水。当洗手水和带骨头的肉一起端上来时，意味着"请用手吃"。用手指拿东西吃时，应将手指放在装洗手水的碗里洗净。吃一般的菜时，如果把手指弄脏，也可请服务员端洗手水来，注意洗手时要轻轻地洗。

4. 坐姿

坐姿要直，不要将胳膊肘支在餐桌上。如果手放在什么位置都不自在，可以放在大腿上。上臂和背部要靠到椅背，腹部和桌子保持约一个拳头的距离。最好避免两脚交叉的坐姿。

5. 速度

切忌吃饭速度过快，大口吞咽食物不仅有害健康，而且也不雅观，尤其是和他人共同进餐时，这么做会显得失礼。共同进餐时大家的量应该一样，并保持同时开始同时结束的速度，别人都开始品味甜食了，而你还在喝汤是不可取的。

6. 剔牙

如果塞了牙，切忌在餐桌上剔牙，如果确实忍受不了，可以找个借口去洗手间，你可以在那里剔个够。

7. 口红

将口红留在餐具上是不可取的，工作用餐尤其如此。如果没有随身携带纸手帕，进酒店时可以顺便到洗手间去一趟，或到吧台去取块餐巾纸。

8. 吸烟

即使在吸烟区用餐，用餐期间吸烟也不可取，吸烟会影响他人的食欲，而且和整个气氛也不和谐，应该等到用餐结束后再吸烟，还应记住：不要用盘子当烟灰缸。

9. 物品

女用手提包及男用手提箱这类东西不要放在餐桌上，钥匙、帽子、手套、眼镜、眼镜盒、香烟等物品都不要放在餐桌上。总之，凡是和用餐无关的东西都不能放在餐桌上。

10. 入座

最得体的入座方式是从左侧入座。当椅子被拉开后，身体在几乎要碰到桌子的距离站直，领位者会把椅子推进来，腿弯碰到后面的椅子时，就可以坐下来了。就座时，身体要端正，手肘不要放在桌面上，不可跷足，与餐桌的距离以便于使用餐具为佳。餐台上已摆好的餐具不要随意摆弄。将餐巾对折轻轻放在膝上。

第三节　舞会

案例导入

小张是一名很帅气的小伙子，穿着很时髦。一次，他买了一件很漂亮的大衣，正好周末本单位举行舞会，他便来到会场，看见人们都在翩翩起舞，小张兴趣很浓，便邀请一名在座位里休息的女士跳舞，那名女士看了他一眼，很礼貌地谢绝了他，接着小张又邀请了两名女士跳舞，结果均被谢绝。这时候，一个朋友来到小张身边，拍拍他说："小张，不能穿着大衣邀请女士跳舞，这是不礼貌的。"小张这才明白刚才为何被谢绝。

舞会是西方一种正式的跳舞集会，参加者要穿着晚礼服等正装，整场舞会中很大的一部分由交际舞构成。在各式各样的社交性聚会当中，若以号召力最强、最受欢迎而论，恐怕要首推舞会了。舞会，一般是指以参加者自愿相邀共舞为主要内容的一种文娱性社交聚会。在优美的乐曲，美妙的灯光，高雅的舞姿的相互衬托下，人们不仅可以从容自在地获得自我放松，而且还可以联络老朋友，结识新朋友，进一步扩大自己的社交圈。舞会的所有参与者，在舞场上均需检点个人的行为举止，注意自己的临场表现，时时处处遵守舞会的礼仪规范。

一、舞会前的礼仪

参加舞会之际，依礼必须先期进行必要的、合乎惯例的个人形象修饰。其中，修饰的重点主要有三。

在仪容方面，舞会的参加者均应沐浴，并梳理适当的发型。男士务必剃须，女士在穿短袖或无袖装时须剃去腋毛。特别需要强调的有两点：其一，务必注意个人的口腔卫生，认真清除口臭，并禁食气味刺激的食物。其二，外伤患者、感冒患者以及其他传染病患者，应自觉地不要参加舞会，否则不仅有可能传染于人，而且还会影响大家的情绪。

参加舞会前，有条件的人都要根据个人的情况，进行适度的化妆。男士化妆的重点，通常是美发、护肤和去味。女士化妆的重点，则主要是美容和美发。与家居妆、上班妆相比，舞会妆允许画得相对浓烈一些，因舞会大都在晚间举行，舞者肯定难以脱离灯光的照耀。但若非参加化妆舞会，化妆时仍须讲究美观、自然，切勿搞得怪诞神秘，令人咋舌。

在正常情况下，舞会的着装必须干净、整齐、美观、大方。有条件的话，可以穿格调高雅的礼服、时装、民族服装。若举办者对此有特殊要求的话，则须认真遵循。在舞会上，通常不允许戴帽子、墨镜，或者穿拖鞋、凉鞋、旅游鞋。在较为正式的民间舞会上，一般不允许穿外套、军装、警服、工作服。穿的服装过露、过透、过短、过小、过紧，有可能令自己"春光外泄"，既不庄重，也不合适。

着装示范（1）

着装示范（2）

二、舞会中的礼仪

在舞会上，邀请他人与自己共舞一曲，是参加者必做之事。邀请舞伴的基本规范，是人人必须严格遵守的。不然的话，就会失敬于人，或是令人见笑。邀请舞伴时，最好是邀请异性。通常讲究由男士去邀请女士，不过女士可以拒绝。此外，女士也可邀请男士，然而男士却不能拒绝。在较为正式的舞会上，尤其是在涉外舞会上，同性之人切勿相邀共舞。两位男士一同跳舞，会给人以关系异乎寻常之感。而两位女士一起跳舞，则等于是在表明："没有男士相邀"，所以迫不得已用此举请男士们"见义勇为"。根据惯例，在舞会上一对舞伴只宜共舞一支曲子。接下来，需要通过交换舞伴去扩大自己的交际面。舞会上的第一支舞曲，一般讲究男士要去邀请与自己一同前来的女士共舞。如有必要，他们二人还可以在演奏舞会的结束曲时再同跳一次。

邀请他人跳舞，应当力求文明、大方、自然，并且注意讲究礼貌。千万不要勉强对方，尤其是不要出言不逊，或是与他人争抢舞伴。一般来说，邀请舞伴时，有两种具体的办法可行。其一，直接法。即自己主动上前邀请舞伴。可先向被邀请者的同伴含笑致意，然后再彬彬有礼地询问被邀请者："能否有幸请您跳一支舞？"其二，间接法。即自觉直接邀请不便，或者把握不是很大时，可以托请与彼此双方相熟的人士代为引见介绍，牵线搭桥。不论采取何种方法请人，万一自己来到被邀请者面前，已有他人捷足先登时，则须保持风度，遵守先来后到的顺序，礼让对方，等下一次再去进行邀请。

在舞会自行选择舞伴时，亦有规范可循。有可能的话，不要急于行事，而是最好先适应一下四周的气氛，进行一下细心的观察。一般说起来，以下八类对象，是最理想的自选舞伴。

第一类，年龄相仿之人。年龄相似的话，一般是容易进行合作的。

第二类，身高相当之人。如果双方身高相差过大，未免会令人感到尴尬。

第三类，气质相同之人。邀气质、秉性相近的人一同跳舞，往往容易互相产生好感，从而和睦相处。

第四类，舞技相近之人。在舞场，"舞艺"相近者"棋逢对手"，相得益彰，有助于更好地发挥技艺，产生快感和满足。

第五类，无人邀请之人。邀请那些较少有人邀请之人，既是对其表示重视，也不易遭到回绝。

　　第六类，未带舞伴之人。邀请未带舞伴的人共舞，成功的机会往往是较大的。

　　第七类，希望结识之人。想结识某人的话，不妨找机会邀对方或是其同伴共舞一曲，以舞为"桥"，接近对方。

　　第八类，打算联络之人。在舞会上碰上久未谋面的旧交，最好请其或其同伴跳一支曲子，以便有所联络。

　　除以上几种情况之外，在舞会上倘若发现有人遇上异性的纠缠骚扰，最得体的做法是挺身而出，主动邀请被纠缠者跳一支曲子，以便"救人于水火之中"。

　　在较为正式的舞会上，根据舞会礼仪的规定，人们除了要与自己一起来的同伴同跳开场曲、结束曲，或是可以酌情自择舞伴之外，还须按照某些既定的顺序，去"毫无选择"地邀请其他一些舞伴。男士邀请舞伴的合礼顺序：

舞会

　　就主人方面而言，自舞会上的第二支舞曲开始，男主人应当前去邀请男主宾的女伴跳舞，而男主宾则应回请女主人共舞。

　　接下来，男主人还需依次邀请在礼宾序列上排位第二、第三……的男士的女伴，男宾则应同时回请女主人共舞。

　　就来宾方面而言，有下列一些女士，应当是男宾以礼相邀，共舞一曲的。他们主要包括：舞会的女主人；被介绍相识的女士；自己有旧交的女伴；坐在自己身旁的女士。

　　以上女士若被男宾相邀后，与其同来的男伴最好回请该男宾的女伴跳上一曲。

第四节　拜会

💬 案例导入

　　某公司市场部员工王丽，准备去拜访××公司市场部经理胡先生。王丽预约的时间是周三下午三点，拜访前，她准备好了有关的资料、名片，并对胡先生进行了相关了解，她还对自己的仪容仪表进行了精心得体的修饰。到了周三，王丽提前五分钟到达公司。在与胡先生交谈过程中，王丽简明扼要地表达了来意，交谈中始终紧扣主题，给胡先生留下了很好的印象，最终促成了合作。

一、拜访前的准备

　　有句古话说得好：不打无准备之仗。在职场中，拜访客户前同样需要做好充分准备。

（一）提前预约

　　拜访客户之前必须提前预约，这是最基本的礼仪。一般情况下，应提前三天给拜访者打电话，简单说明拜访的原因和目的，确定拜访时间，经过对方同意以后才能前往。

（二）明确目的

　　拜访必须明确目的，出发前对此次拜访要解决的问题应做到心中有数。例如，你需要对方为你解决什么，你想对对方提出什么要求，最终你要得到什么样的结果等，这些问题的相关资料都要准备好，以防万一。

（三）准备礼物

　　无论是初次拜访还是再次拜访，礼物都不能少。礼物可以起到联络双方感情，缓和紧张气氛的作用。所以，在礼物的选择上还要下一番苦功夫。既然要送礼，就要送到对方的心坎里，要了解对方的兴趣、爱好及品位，有针对性地选择礼物，尽量让对方感到满意。

准备礼物

（四）注重仪表

肮脏、邋遢、不得体的仪表，是对被拜访者的轻视，被拜访者会认为你不把他放在眼里，对拜访效果有直接影响。一般情况下，登门拜访时，女士应着深色套裙、中跟浅口深色皮鞋配肉色丝袜；男士最好选择深色西装配素雅的领带，外加黑色皮鞋、深色袜子。

二、拜访中的礼仪

（一）遵时守时

拜访他人可以早到却不能迟到，这是一般的常识，也是拜访活动中最基本的礼仪之一。早些到可以借富裕的时间整理拜访时需要用到的资料，并正点出现在约定好的地点。而迟到则是失礼的表现，不但是对被拜访者的不敬，也是对工作不负责任的表现，被拜访者会对你产生看法。

如果因故不能如期赴约，必须提前通知对方，以便被拜访者重新安排工作。通知时一定要说明失约的原因，态度诚恳地请对方原谅，必要时还需约定下次拜访的日期、时间。

（二）先报后进

到达约会地点后，如果没有直接见到被拜访的对象，拜访者不得擅自闯入，必须经过通报后再进入。一般情况下，前往大型企业拜访，首先要向负责接待的人员交代自己的基本情况，待对方安排好以后，再与被拜访者见面。当然，生活中不会存在这样的情况，被拜访者身处某一宾馆，如果拜访者已经抵达宾馆，切勿鲁莽直奔被拜访者所在的房间，而应该由宾馆前台的接待打电话通知被拜访者，经同意以后再进入。

（三）大方得体

与被拜访者见面后，打招呼是必不可少的。如果双方是初次见面，拜访者必须主动向对方致意，并简单地做自我介绍，然后热情大方地与被拜访者行握手之礼。如果双方已经不是初次见面了，主动问好致意也是必须的，这样可显示出你的诚意。说到握手，不得不强调一点，如果对方是长者、女性或者身居高位，自己绝对不能先将手伸出去，这样有抬高自己之嫌，同样可视为对他人的不敬。

行过见面礼以后，在主人的引导之下，进入指定房间，待主人落座以后，自己再坐到指定的座位上。

（四）开门见山

谈话切忌啰嗦，简单的寒暄是必要的，但时间不宜过长。因为，被拜访者可能有很多重要的工作等待处理，没有太多的时间接见来访者，这就要求拜访者的谈话要开门见山，简单的寒暄后直接进入正题。

当对方发表自己的意见时，打断对方讲话是不礼貌的行为。应该仔细倾听，将不清楚的问题记录下来，待对方讲完以后再请求被拜访者就不清楚的问题给予解释。如果双方的意见产生分歧，一定不能急躁，要时刻保持沉着冷静，避免破坏拜访的气氛，影响拜访效果。

（五）把握时间

在商务拜访过程中，时间为第一要素，拜访时间不宜拖得太长，否则会影响对方对其他工作的安排。如果双方在拜访前已经设定了拜访时间，则必须把握好已规定的时间，如果没有对时间问题做具体要求，那么就要在最短的时间里讲清所有问题，然后起身离开，以免耽误被拜访者处理其他事务。

拜访结束时，如果谈话时间过长，当起身告辞时，要向主人表示打扰对方的歉意。出门后，应回身主动与主人握手告别，并说请留步。待主人留步后，走几步再回首挥手致意再见。

第五节　演讲礼仪

📋 案例导入

小陈参加了省里举办的演讲比赛，这对她来说是一次来之不易的机会，比赛之前，领导就找她谈了话，希望她能通过这次演讲的优异表现，在单位实现派遣制员工的转正。比赛之前，小陈看了许许多多的演讲视频，发现演讲者的仪容仪表及礼仪对于演讲有非常重要的作用，同时她还去许多演讲比赛的现场观察，发现得分高的无一不是演讲礼仪十分到位的选手，于是自己在家照着镜子练了许多回，做足了准备。在比赛当天，小陈终于凭借着优雅的礼仪形态、良好的表达、丰富的情感征服了评委，也让单位领导看见了自己的特长。

演讲又叫讲演或演说，是指在公众场所，以有声语言为主要手段，以体态语言为辅助手段，针对某个具体问题，鲜明、完整地发表自己的见解和主张，阐明事理或抒发情感，进行宣传鼓动的一种语言交际活动。

一、演讲的种类

（一）照读式演讲

也称读稿式演讲。演讲者拿着事先写好的演讲稿，走上讲台，逐字逐句地向听众宣读一遍。其内容是经过慎重考虑的，语言是经过反复推敲的，结构也是经过精心安排的，比较适合在重要而严肃的场合运用。如各级党代会、人代会、政协会议等大会报告、纪念重大节日的领导人讲话、外交部的声明等。它的缺点是照本宣科，影响演讲者与听众之间思想感情的交流。

（二）背诵式演讲

也称脱稿演讲。演讲者事先写好演讲稿，反复背诵，背熟后上讲台，脱稿向听众演讲。这种演讲方式比较适合演讲比赛和演讲初学者，在一定程度上，可以检验和培养演讲者的演讲能力。其缺点是不便于演讲者临场发挥，使听众觉得矫揉造作，而且一旦忘词，就难以继续，往往会当场出丑。所以，运用这种方式演讲时，必须做好充分准备，语言要尽量口语化，表达要自然，切忌留下表演的痕迹。

（三）提纲式演讲

也称提示式演讲。演讲者只需要把演讲的主要内容和层次结构按照提纲的形式写出来，借助它进行演讲，而不必一字一句地写成演讲的形式。其特点是能避免照读式演讲和背诵式演讲与听众缺乏思想感情交流的不足：演讲者可根据几条原则性的提纲进行演讲，比较灵活，便于临场发挥，真实感强。提纲式演讲又具有照读式演讲和背诵式演讲的长处；可以事先对演讲的内容做充分准备，有一定的时间收集材料，考虑演讲的要点和论证方法，但不要求写出全文，而是提纲挈领地把整个演讲的主要观点、论据、结构层次等用简练的句子罗列出来，作为演讲时的提示。提纲式演讲是演讲初学者进一步提高演讲水平的行之有效的一种演讲方式。

（四）即兴式演讲

即兴式演讲是演讲者预先没有做充分准备而临场即兴发表的演讲，它是一种难度最大、要求最高、效果最佳的演讲方式，可以根据实际情况，针对听众的心理和需要，灵活机动，迅速调动语言的一切积极因素，给听众带来生动直观的听觉享受，是其他各种演讲方式都无法比拟的。这种演讲方式需要演讲者具备智慧和热情，具有很强的记忆力、丰富的想象力、敏捷的思维能力、大量的文学知识储备……如果不具备这些条件，即使使用这种演讲方式，也不会取得理想的演讲效果。相反，往往还会出现信口开河、漫无边际、逻辑混乱、漏洞百出的现象，这样反倒影响了演讲的效果。虽然如此，每个演讲者必须争取掌握这种演讲方式，只要下苦功，肯定是会学到手的。

二、演讲的礼仪

（一）进入会场

进入演讲会场时要面带微笑，不论听众是否在注意你。如果是重要的演讲场合或是被邀请的，往往由大会主持者陪同，此时的演讲者应表现得雍容大度、谦和诚挚，用眼神和微笑与听众交流，步履稳健地向大会安排的座位走去。

（二）入座后

演讲者和大会主席或陪同人员一起走到座位前，应先以尊敬的态度主动请对方人员落座，对方也会礼貌地恳请演讲者坐下，这时演讲者方可坐下。坐下后不要左顾右盼，也不要和台上台下的熟人打招呼。

（三）介绍之后

主席介绍演讲者的情况之后，演讲者应自然起立，并向主席点头致意，由衷地表现出"不敢当"之意和感激之情。

（四）登上讲台

走路时要上身挺直，步伐快慢有序，稳健地走到台前，自然地面对听众站好。此时演讲者应举止从容、精神饱满，也可面露微笑，尤其是女性演讲者。

演讲者正式登台演讲时，应步伐稳健、充满自信、精神饱满地走上讲台，恭敬、诚恳地向听众鞠躬。除了在严肃的场合下，演讲者都应面露微笑，并用目光环视全场，一定要站稳后才可以开口讲话。演讲者开始时的第一句话要有亲切感，起调不要太高，音量要适中，包括在整个演讲过程中都要有意识地调整好自己的音量，要有高有低，有起有伏，不可一成不变，面无表情，特别是眼神的调整也非常重要。

（五）演讲开始

演讲开始前先以友好、诚恳、恭敬的态度向听众敬个礼，以表示对听众的敬意。然后不要急于开口，暂停几秒钟，以亲切的目光环视一下听众，能起到组织听众，安定听众情绪的作用，同时深吸一口气。

演讲者一般以站在前台中间为宜，这可以统观全场，最大限度地调动周围听众的情绪，使处在不同位置的听众都能从各自的角度看到演讲者的表演。站姿得当会显得英俊干练，生机勃勃，给人以美感。目光要顾及全场，落到每位听众的脸上。

演讲者首先要站直，不可以掉肩斜背或是抖腿、晃动，通常在这种情况下，女士可以用 V 字形或丁字形的姿势站立，男士则可以用跨立的姿势站立，或是双脚并行，当然也可以采用一脚稍前，一脚稍后，重心主要压在后脚上，也就是介于立正和稍息之间的姿势。相比之下，后一种方法会好些，它可以两脚调剂，减轻疲劳，长篇演讲者一般都采用这种站姿。

（六）走下讲台

讲完之后，应说句"谢谢大家，再见"，接着向听众敬礼致意，向大会主席致意，然后走回原位。坐下后，如大会主席和听众以掌声向演讲者表示感谢时应立即起立，面向听众致礼，以表示回谢。

（七）走出会场

大会主席陪同演讲者往外走的时候，听众常常出于礼貌鼓掌欢送，这时演讲者同样也要热情回应，以鼓掌或招手表示答谢，直到走出会场为止。如果听众先退出会场，演讲者应起立面向听众，目送听众（离场）。

三、演讲的眼神

眼神能表现出热情，也能表现出冷酷；眼神能表现出尊重，也能表现出鄙视。在整个演讲中，眼神的表情达意起着举足轻重的作用，有经验的演讲者总是能够恰当巧妙地运用自己的眼神，表达出丰富而多变的思想感情，以影响和感染听众，加强演讲效果。人们常说"眼睛会说话"，它能够表达出一些用语言难以表达的极其微妙的思想感情，此言极是。一般来说，演讲者的眼神有以下五种变化方法。

（一）前视法

演讲者的视线要平直向前流转，统摄全场听众。一般来说，视线的落点应放在最后一排听众的头顶部位。演讲者除了特殊需要外，眼睛应保持平直向前，注视所有听众。这样的视线，可以使听众感到"他是在向我演讲"，引起听众的注意，也有利于演讲者保持端正美好的身姿，观察听众的情绪和变化。有些缺少经验的演讲者，在演讲时，或时而仰望天花板，或时而俯视地板，或忽而左右环顾，或引目张望窗外，这些都是不应有的动作。

（二）环视法

即有节奏或周期性地把视线从会场的左方扫到右方，再从右方扫到左方；从前排扫到后排，再从后排扫到前排，不断地观察会场，与所有听众保持眼神接触，增强相互间的感情联系。运用环视法不宜太频繁，反对"眼睛滴溜溜地转"，这样会使听众感到滑稽可笑。

（三）虚视法

这是演讲者观察时运用的一种转换性目光，就是演讲者的眼睛好像看着什么地方、什么听众，但实际上什么也没看。虚视尽管什么也没有看在眼里，但它是培养良好的观察力的一种过渡。这种眼神可克服演讲分神、紧张的毛病，表现出彬彬有礼、端庄大方的神态来，又可以把思想和精力集中到演讲的内容上来。

（四）闭目法

这是视线变化的特殊表现，是一种无方向的视线，无视线的视线。闭目法有其特定的意义和作用。比如，当演讲的内容使演讲者和听众的情绪极度高涨，情感难以控制的时候，或讲到某位令人们极其敬佩的英雄人物的时候，演讲者可以短暂地闭一下眼睛，以表示某种特殊的感情，此时的"无视线"可以取得意想不到的效果。

（五）点视法

就是重点地观察，注视不注意听讲的听众。一般听众发现了演讲者的目光，就会触目知错，停止窃窃私语。

随着演讲者思想感情的千变万化，眼神的变化必定是多种多样的，这就有待于演讲者自己细心体察和处理，不好机械地做出事前规定。但有几点值得注意：

1. 眼神的变化要有一定目的性

要力戒那种故弄玄虚、神秘莫测的眼神，因为这种眼神会使听众困惑。

2. 不能有过多的凝视，这样会对听众形成压力

要避免凝视的副作用，可以时而采取虚视，这样既不失礼貌，也可使双方感到自然，而演讲者也不会因为视线过分集中而分散对演讲本身的注意。

3. 演讲者的眼神要同思想感情的变化同步产生和终止

思想感情表达完毕，相应的眼神也要恢复正常。

4. 眼神要和演讲者的手势、身姿等密切配合，协同动作，以求收到更大的效果

孤立的眼神会显得单调无力，不能充分实现传情达意的作用。

四、演讲的手势

一是指示手势。这种手势是用来指示具体真实的形象的，可分为实指和虚指两大类。实指是指演讲者的手势实指向了在场的听众，且在听众的视线范围内。虚指是指演讲者和听众看不到的，如"在很久很久以前""在遥远的地方"。常用虚指可伴"他的""那时""后面"等词。指示手势比较明了，不带感情色彩，比较容易做。

二是模拟手势。用手势描述物体的形状，其特点是"求神似，不求形似"。比如用双手合抱，把梨子虚拟成一个大球形，表达出人们的真情实意。模拟手势信息含量大，升华了感情，有一定的夸张色彩。

三是抒情手势。此种手势在演讲中运用频率最多。如兴奋时拍手称快、恼怒时挥舞拳头、急躁时双手揉搓、果断时猛力砍下。抒情手势是一种抽象感情很强的手势。

四是习惯手势。任何一位演讲者都有一些只有他自己才有而别人没有的习惯性手势，且手势的含义不明确、不固定，随着演讲内容的不同而体现不同的含义。演讲手势贵在自然，切忌做作；贵在协调，切忌脱节；贵在精简，切忌泛滥；贵在变化，切忌死板；贵在通盘考虑，切忌前紧后松或前松后紧。

习惯手势

演讲的手势可以说是"词汇"丰富多样，千变万化，没有一个固定的模式，作为一个出色的演讲者，平时要认真观察生活，刻苦训练，积极付诸实践。

演讲手势

第六节　娱乐礼仪

案例导入

　　2015 年秋季，在上演百老汇新戏 *Hand to God* 的剧场内，一个前排的年轻人在戏剧即将开演的时候爬上了舞台，试图用舞台上的插座给自己的手机充电。这个人随后马上被安保人员带走。事后，在接受采访时，一名年轻人表示自己的手机快没电了，正在烦躁中，突然看见舞台上有两个插座，觉得可能是剧组需要给什么道具充电，反正有俩呢，自己用一个也没什么问题，就爬上去了。当然，还有一个重要的原因，那就是他演出前喝多了。

　　在工作之余，职场人还会有机会参加各种形式的娱乐活动，参加这些活动的目的是交际应酬。在参加这些活动时，一定要遵守以下三条基本规则：遵守社会公德；遵守游戏规则；遵守公司规章制度。

一、剧院

　　在剧院看演出时，应当遵守一些基本的观赏礼仪。

1. 准时

音乐场所提供的服务具有明显的时效性，迟到一分钟，演奏厅的大门关上，就必须在外面等候恰当的时机才能进入，有时甚至要等到中场休息，在两只乐曲的间隙才可以入场，这样场内的气氛才不会受到破坏，同时更是对演奏家和没有迟到的观众的尊重。因此提前进场是明智之举。

剧院

2. 衣着

衣着必须整齐，不可穿着拖鞋、短裤等过于随便的衣服，男士可穿正装或者长衣裤，女士可穿长裙，但不能穿运动装，有时需要穿西服打领结，不戴帽子。这些都是对自己和演出者以及其他观众的尊敬，也是自己良好修养的体现。

3. 入场

剧院一般在开场前十五分钟开始剪票入场，最好能够在这期间进入剧院寻找座位。如果迟到了，应等到幕间休息入场，尽量不要打扰别人，遇到别人让路应道谢。如果是在熄灯以后进入剧院，要等眼睛适应了之后再进去，然后向周围的人低声询问座位号，并欠身表示歉意，应该说"谢谢你"或"对不起"。或者要求剧院的工作人员带你进入。在从陌生人面前经过时，不要将手提包等东西从前面观众的头上拖过去。

4. 对号入座

不得在场内擅自调换座位。

5. 评论

听音乐会时，喝倒彩是最为不雅的行为。如果您对某个节目不满意，也不要与身边的观众相互低语，对节目的评论应在演出结束退场后再进行。

6. 食物及宠物

不得携带食物、饮料或宠物进入演出场所。

7. 小观众

除儿童节目外，不得携带110厘米以下的儿童进入演出场所。

8. 行动

音乐会开始后，不在场内随意走动和大声喧哗。

9. 噪声

不携带易发出噪声的物品进场，演出中发出噪声是很不礼貌的，要提防手机的铃音"吵"到他人。在演出过程中，如果您的手机突然发出尖锐的铃声，周围的观众肯定会很反感。为了避免这种不和谐的事情发生，在进场前最好将手机暂时关闭、设置成静音或震动状态。不应大声谈笑或交头接耳，否则会影响到其他观众的兴致。安静倾听是欣赏表演最起码的礼仪，这不仅表示对演奏者和其他观众的尊重，也间接表达了自己的修养。此外，还须尽量减少走动以及做一些"小动作"。例如，在座位上脱大衣、将包打开或关上、捡掉到地上的东西、清喉咙以及咳嗽、嚼口香糖等。这些行为都有可能分散其他观众的注意力，都是一种自私、无礼的行为，应该尽量避免。不打喷嚏、打嗝儿、打呵欠及放屁，或交头接耳讨论剧情。不在演出场所吸烟或嚼食口香糖，更不允许中途退场（严重感冒咳嗽者谢绝观看）。

10. 卫生

保持场内整洁、爱护公物。

11. 了解

在欣赏歌剧之前，提前了解剧情和精彩唱段可以帮助您对剧目有更好的理解。

12. 欣赏

除了欣赏演员美妙的歌声外，更要欣赏演员惟妙惟肖的表演。一笑一颦、举手投足，总是尽可能地诠释出音乐的内涵，带动听众的情绪。

13. 照相

非经许可，不得携带录音机及摄影机入场。照相时不能使用闪光灯，因为闪光灯和按动快门的声音都会严重破坏台上艺术家的演奏和周围观众欣赏艺术的氛围。一旦有这种情况出现，演奏者有权利选择退场罢演。

14. 鼓掌

鼓掌是听音乐会一个很大的学问，适当的掌声是观众对演奏者的回应，但是过于热情或是不合时宜的掌声则会扰乱演奏者的情绪。

一般来说，在乐章之间不能鼓掌。一首交响乐曲通常分为四个乐章，但它们仍然是一个整体，因此应该将其作为连贯的整体来欣赏。在乐章之间，也就是说作品整体还没有结束的时候，应该继续欣赏。当指挥的手仍然举在空中，表明音乐还没有结束，即使音乐结束，还应该有一段回味的时间。所以音乐结束三五秒钟之后，掌声如潮涌起，才是最高境界。当然，在乐曲进行中需要鼓掌的例子也有，如果指挥需要观众在乐曲中间鼓掌，营造气氛，他会转过身来，向着观众打拍子，观众可以跟准节拍鼓掌。一般来说，鼓掌的时机掌握，要看指挥者的双手是否已经完全放下，音乐是否有完全停息的气氛。有时候无法确定乐曲是否已经演奏完毕，可以观察指挥或演奏者当时的姿势和神态加以辨别。鼓掌时要随着大家的停止而停止，不要自己鼓个没完。观众如果希望表演者继续表演的话，可以延长掌声，但是如果别人停止之后还大声地鼓掌就会显得有些失礼了。

15. 献花

要征得同意，一般情况下，演出期间观众不能随意向演员献花，如有特殊情况，观众要求以个人的名义向演员献花应事先与剧场工作人员取得联系，由工作人员安排献花活动。

16. 退场

为表示对艺术家的尊敬和不影响他人正常观剧，如无特殊情况不要提前退场，即使遇到特殊情况需要中途退场，也应当在两支曲子演奏的间隙悄悄退场。观众在离开现场时不要把椅子弄出过大的响声，更不要把垃圾留在座位上。观众进场时可随身带一个小袋子，演出结束后把节目单、空饮料瓶等垃圾装进袋子里带出场外，丢到垃圾箱里。

17. 幕间休息

演出可能会持续几个小时，一般在节目进行到一半的时候有幕间休息。这时可以留在座位上，也可以站起来或离开观众席活动活动。如果同排中的其他人还留在座位上，走过他们身边时应该说"抱歉"，并注意不要碰到他们或踩到他们的脚。烟瘾较大的男士，可到专门的吸烟区去抽烟。

当灯光忽明忽暗地闪烁几次后，就意味着节目在 5 分钟之内即将重新开始，此时应该立刻回到座位上去。剧场内的空间有限，观众应当行为有度，不随意跨出自己的空间，比如把腿跷到前排座位上、乱扔空饮料瓶等。

18. 签名

表演结束后，如果热爱艺术家的演出并渴望得到签名的观众，应事先准备好签字笔和本子，有序并有礼貌地请艺术家签名留念。

二、健身

虽然一般的锻炼完全可以在家里进行，但是如果想借助那些专业的健身设备针对某个部位进行训练，去健身房会更加有效。那么我们应该如何恰当地、有礼貌地使用健身房的健身器材呢？

1. 举重器械归位

无论任何时候，当你使用完哑铃或者是杠铃时，一定要细心地将这些器材放回原位。

2. 不要霸占任何器械

健身房属于公共场所，所有东西都是共享的。你可以按照计划有效地进行一组一组的锻炼，按照锻炼—休息—锻炼的顺序，不停地重复这些三点一线的动作，长期坚持下去一定会达到锻炼的目的。

3. 擦掉器械上的汗水

想象一下，当你兴致勃勃地走到器械面前准备锻炼时，却看见上面满是上一个运动者留下的汗水时，你会有什么反应？

4. 健身时要考虑心血管系统的承受能力

一般来说，一个人最好在一种健身器械上运动 20～30 分钟，尽量不要超过这个时间，过度运动会让人感到肌肉酸痛与疲劳，导致食欲不振，睡眠不好。所以，适量运动后，应该休息一下。

5. 爱护器械

不要破坏器械，虽然说健身房不是教堂，但你也有义务保持这里的清净，不要无缘无故地破坏器材。

三、网球（羽毛球）

与许多其他体育运动相比，网球（羽毛球）最大的一个优势就是，你只需要找到另外一个人（双打就是三个人）就可以完成一场比赛。那么，网球（羽毛球）比赛需要遵循哪些礼仪呢？

网球

（一）服装讲究

网球运动对服装的要求既简单又严格。不允许穿背心，更不可赤膊上阵，不提倡穿颜色鲜艳的上衣。白色或黑色（或深蓝色）是永久的主题色。除了颜色，球衣的款式也十分考究，得体的服装穿在身上会有一种自信心特强的感觉。

（二）足下雅观

不可以穿会损伤场地表面的鞋（硬底鞋、皮鞋、钉鞋等）进入球场，鞋底的质地、颜色也以不会在场地表面留下痕迹为宜。赤脚或赤脚穿鞋入场打球都被认为有失雅观。

（三）友好陪练

球场上有一条不成文又难以实现的愿望：人人都希望能与水平比自己更高的球友练习。如果出现此种情况，后者应该充满耐心当好陪练，并时刻鼓励对方打出好球，当然自己也可以寻找一些机会，尝试打出一些平常少用的新打法。

（四）主动捡球

捡球可能是球场上最繁重的劳动，无论球被打出界外还是下网，双方都应做出迅速捡球的反应，以激励对方打好下一个球。若有旁人帮你捡球应立即表示感谢。

（五）笑对"IN""OUT"

一般的练习比赛常常是在没有裁判的条件下进行的，即使球友临时客串裁判，也很难判断打过来的球是"IN"还是"OUT"，抑或是压线。此时，一般是尊重离球最近者的判断，切勿坚持己见！也不要在球尚未落地就大声喊"好球!"，影响对方的比赛情绪。

（六）谨防误击

发球前，最好先看一看对方是否已做好了接球准备或是高举球向对方示意"我可以发球了吗?"但也有些老兄连看都不看一眼对方，在地上捡起球来低着头就把球打出去。如果在练球时这样做会被认为是对对手的不尊重，也极有可能导致球误击对手。如果你发球打到人，一定要向对方道歉。

（七）说声"对不起"

当你击球出界、还击下网或发球擦网而过时，会造成你的练球伙伴丧失一次击球机会。虽然你不是有意的，但也应该向对方说声"对不起"，显示绅士风度。细心的朋友会发现，在球场上常常听到球员轻轻地说"对不起"。当然也可以举手表示歉意，还可以说"我的""不好意思"等。球场上除了"嘭嘭"的击球声，能反复听到的就是这几句礼貌用语，它构成了球场上十分和谐的运动气氛。

（八）切勿闯入

当球场上有球员正在进行比赛时，其他人不可以进入比赛场区内捡球，并且要尽量避免在球员视线范围内随意走动，这样做不仅不礼貌，而且会被认为是"意外阻碍"，影响比赛的正常进行。如果一定要穿越球场，可先站在一边稍等一下，等"死球"后，再快步通过。

（九）珍惜球拍

球拍是球员最亲密的伙伴，相当于战士的武器。除了正常的维护保养外，在球场上千万别把它当"出气筒"随意丢弃或拍打球网，这都有失风度。而且一旦球拍被打坏，心里不仅不愉快，反过来又影响打球情绪。理智多一点，问题也就少一点。

（十）尊重裁判

裁判员与球员之间有时也会因为球在界内、界外问题产生分歧，此时球员一方应保持情绪稳定，如果在球场上留有球印、可举手请裁判过来看看，一旦判决，坚决服从裁判。裁判一方也要尊重球员的汗水和努力，最大限度地认真裁决每一个球，避免错判、漏判。

（十一）相互谦让

由于打球的人多而场地有限，球场上往往是场上有人打，场下有人等。每当出现这种现象，大家都能互相谦让，轮流上场，宁可自己少打几个球，也要把更多的练习机会留给他人，体现良好的道德风范。

四、高尔夫球

高尔夫礼仪作为高尔夫运动最重要的组成部分，是区别于其他运动项目的特点之一，因此高尔夫也被称为"绅士运动"。不管你如何标榜自己的球技、球龄，或者展示自己昂贵的球具和一身名牌行头，只要看看你在球场上的举止是否符合高尔夫礼仪，就能区分出你是一个名副其实的高尔夫

高尔夫球

球手，还是一个只会拿着球杆在场上比画的玩球人。通过你的场上表现，人们可以觉察到你是否热爱这项运动，理解它的传统，并尊重一起打球的同伴，进而对你个人的教养和人品做出评价。

高尔夫是一项需要球员精力高度集中的运动。但凡是球员都有体会，如果有人在旁边说笑，摆弄球杆发出响声，或是在周围走来走去的话，你将很难集中精力挥杆或推球。制定高尔夫礼仪规则的目的就是通过规范球员在场上的行为举止，使球员能互相尊重，一起充分享受打球的乐趣。与礼仪有关的规则，有些适用于在整个球场和练习区域的普通状况，有些则

是针对特定区域，如发球区、果岭而制定的。下面我们将着重介绍最基本的高尔夫礼仪。

（一）注意安全

安全在高尔夫运动中是如此之重要，以至于高尔夫规则和礼仪都将其列在开篇的首要位置。如果球员对球和球杆的坚硬程度没有足够的认识，球场将会变成一个危险之地。因此球员应对球场安全予以高度重视，做到如下几点：

1. 注重礼节

不要对着有人的地方击球或练习挥空杆，因为击出的球或无意间打起的石块、树枝和草皮有可能打中他人，这也是不礼貌的行为；注意不要在有人走过身旁的时候挥杆，也不要在别人挥杆时从其身旁走过。

2. 保持安静

保持球场的安静十分重要。打球时球员需要全神贯注，任何响动都有可能影响击球的质量。所以在场上讲话时必须压低嗓音。即使你的同组球员不介意，你也要照顾附近其他组打球的客人。切忌在球场上跑动，这样不仅会引起其他球员的分心和烦躁，还会损害草皮。必要时应尽量轻步快走。

3. 在乎细节

球友们都希望尽情享受打高尔夫球的乐趣，但谁也不想一整天都耗在球场上。球员在两次击球之间如果等待时间过长，就会变得不耐烦，甚至会失去击球的动力。所以为了大家的利益，打球时不要延误时间。下面是保持适当打球速度的几点建议：

（1）每次击球之前只做一次挥杆练习，然后马上击球。记住：如果你每场球打120杆，每次都额外用30秒做练习的话，你每场球就要多花1小时。

（2）击球之前要做好充足的准备，不要等轮到你时才开始考虑用哪根球杆，或决定是直接打过水障碍区还是对着水障碍区前方打保险球，最好趁别人击球时提前考虑周全。

（3）走向果岭时，应观察好下一洞发球台的方位，然后将球杆摆放（或球车停放）在距果岭下一发球台较近的一侧，这样打完该洞后可以少走弯路，既节省体力又不会耽误时间。

（4）紧随前面的一组球员。当他们离开果岭时，你应该已经做好击球准备。不用介意后面一组会不会赶上你，只要与前一组保持合适的距离和打球速度就行了。

4. 保持速度

时刻提醒自己保持合适的"打球速度"，这会有助于你紧随前一组球员，并确保不会影响后面组员的打球。但紧随前一组球员的同时又必须小心，不要离得太近，以致球打中前面的球员。所以一定要在前一组所有球员都离开击球距离范围之后再开始打。有些球员在场上遇到前方有打得慢的人，会表现得十分不耐烦，这是可以理解的。如果你等得太久，可以走过去提醒前一组球员加快速度，但千万不能用朝他们击球的方式来催促对方，这种方式既危险，又没有礼貌。

5. 礼貌请求

向前一组球员请求先行通过，是打球中最难实行也是最容易引起争议的情况之一。难以实行，是因为这等于在暗示他们延误了打球时间，即便是事实，也会引起对方的不悦。所以你打算请求先行通过，就应该寻找合适的时机，十分有礼貌地提出来。以下的建议不妨一试。

在提出先行通过之前，应确定前方有足够的空间。如果他们之前还有另一组球员在打球，那么你肯定会遭到拒绝。

在得到准许后，应表示感谢并尽快完成击球。万一你打出了一个"臭球"（这种情况下会感到压力，很有可能打球失误），最好不要加打另一球，以免引起他人的反感。保持镇定，按照规则继续打即可。

你与前一组球员之间已经空出一洞以上，说明你的打球速度较慢，如果你觉得后面的一组球员追得很紧，可能希望先行通过，应主动询问并提供方便。最合适的时机是当你到达果岭后，向后一组选手招手示意先让他们打上一杆果岭。趁他们走向果岭的间隙，你再完成自己的推击，之后在下一洞发球区请他们先开球。

6. 遵守规则

不是参加正式的比赛，或是在其他非正式场合，同组球友之间打球，可以让准备好的球员先打。也就是说，即使同组某位球员的球不是离洞最远的一个，只要他（她）已经做好击球准备，就可以首先击球。前提是与同组球员事先达成共识，说明本场球将打 Ready Golf，这样同伴就不会认为你不懂规则，相反还会感到你的绅士风度。让准备好的球员先打，有助于加快打球速度。但击球之前必须确定，同组所有人都知道你将要击球，你也知晓其他人当时所在的位置，因为你不想让球击到任何人，更不想出现同组球友同时挥杆的场面。

第七章

职场服务礼仪

　　服务礼仪是各服务行业人员必备的素质和基本条件。出于对客人的尊重与友好，在服务中要注重仪表、仪容、仪态和语言、服务动作的规范；热情服务则要求服务员热忱地向客人提供主动、周到的服务，从而表现出服务员良好的风度与素养。在工作岗位上，赢得服务对象的尊重，是取得成功的重要环节。要做到这一点，就必须勤勤恳恳，严于律己，维护好个人形象。因为个人在工作岗位上的仪表和言行，不仅关系到自己形象，而且被视为单位形象的具体化身。

第一节 职场服务礼仪概述

📋 案例导入

　　某单位要招聘一名部门负责人，出的唯一一道面试题是："谁为你发工资？"这实际上考核的是服务意识的问题。最后，只有一人被录取了，他的回答是："单位为我发工资，因为是单位给我提供了舞台；顾客为我发工资，因为顾客为我们带来了效益；我自己为自己发工资，因为一切还要靠自己的主观努力。"

　　作为事业单位和行政机关，随着行政职能的转换、人们服务意识的日趋强烈，"为人民服务"又成了清晰、可执行的具体行为规范，那就是为人民提供最优质的服务。作为公务人员，服务对象也就成了他们的"顾客"。我国已经进入了市场经济时代。市场经济是一种竞争性经济，企业之间竞争的焦点之一便是服务。用什么样的服务理念指导服务活动，对于能否赢得竞争优势、把握经营制胜的主动权十分关键。企业必须在服务上多下功夫，才能迎接这个时代的挑战。

一、服务礼仪的工作重点

　　服务人员在服务工作中必须高度重视各种人际关系的协调。应注意以礼待人，内求团结，外求和睦。

（一）协调和顾客的关系

　　处理、协调和顾客的关系时，要热诚接待、一视同仁。要注意你所处的特殊位置，明确你的形象就是单位形象，你的态度就是单位态度。所以，一定要协调好和顾客的关系。即使和顾客发生了冲突，只要没触碰到自己的原则，都应该站在体谅顾客的角度，退一步进行处理。

（二）维护和上级的关系

　　要服从上级的安排，支持上级的工作，并要维护上级的威信。上级需要把握的是大局，不管自己和上级关系怎么样或对他们的看法怎么样，都要以实际行动维护上级的威信，要以礼相待，不能嚣张放肆。

（三）尊重和下级的关系

　　要处处尊重，时时体谅，不徇私情、善解人意。当下级提出不同的工作意见时，上级应该持欢迎和感谢的态度。要注意调动整个办公室的力量来商讨解决事情，而不要只顾面子，不懂装懂。如果下属的意见说得太刺耳，甚至是不合实际的个人攻击，只要不妨碍工作，不应该想着报复。对于下属中才干较强、能独当一面的，应该积极地提拔。

（四）处理和同级的关系

处理好和同级的关系，对于团队精神的体现非常重要。一要相互配合、相互勉励；二要不即不离，保持同事间交往的适当距离；三要诚信待人，互相团结。

二、服务礼仪的工作理念

理念支配人的行为，服务人员的工作理念决定着企业的服务面貌。市场经济的发展，带来了企业之间服务竞争的升级，这就要求企业迅速更新理念，在现代服务理念的支配下，把服务问题提高到战略的层面来认识，在服务上不断追求更高的目标，提升服务品位，创造服务特色。

（一）视顾客为亲友

只有用饱含热情的服务接待每一名顾客，才能使顾客以更大的热情对你的单位予以关注和支持，单位和顾客的关系才能步入良性循环的轨道。在服务实践中，应以微笑的面孔、百倍的热情欢迎每一名顾客的光临。在为顾客的服务过程中，应该想顾客之所想，体察顾客的心理，解决好顾客的各种难题。

（二）顾客永远是对的

这句话是伴随着市场经济的迅速发展、消费者权益运动的日益高涨，由西方企业界提出来的，是"顾客就是上帝"这句口号的具体体现。这句话真正的含义并不是说顾客总是对的，而应该让他们觉得自己是对的。

（三）顾客是单位的主宰

把顾客作为单位的主宰，既是由单位的经济属性，即谋求更高盈利的原始经营动机决定的，也是由单位的社会属性，即奉献和获取经济利益相统一的服务理念决定的。

三、服务礼仪的工作原则

在服务礼仪中，有一些具有普遍性、共同性、指导性的礼仪规律。这些礼仪规律，就是礼仪的原则。

（一）尊重的原则

所谓尊重的原则，就是要求我们在服务的过程中，要将对客人的重视、恭敬、友好放在第一位，这是礼仪的重点与核心。因此在服务过程中，首要的原则就是敬人之心常存，掌握了这一点，就等于掌握了礼仪的灵魂。在人际交往中，只要不失敬人之意，哪怕具体做法一时失当，也容易获得服务对象的谅解。

（二）真诚的原则

服务礼仪所讲的真诚的原则，就是要求在服务过程中，必须待人以诚，只有如此，才能表达对客人的尊敬与友好，才会更好地被对方所理解和接受。与此相反，倘若仅把礼仪作为一种道具和伪装，在具体操作礼仪规范时口是心非，言行不一，则是有悖礼仪的基本宗旨的。

（三）宽容的原则

宽容的原则就是要求我们在服务过程中，既要严于律己，更要宽以待人。要多体谅他人，理解他人，学会与服务对象进行换位思考，而千万不要求全责备，咄咄逼人。这实际上也是尊重对方的一个主要表现。

（四）从俗的原则

由于国情、民族、文化背景的不同，在人际交往中，实际上存在着"十里不同风，百里不同俗"的局面。这就要求志愿者在服务工作中，对本国或各国的礼仪文化、礼仪风俗以及宗教禁忌要有全面、准确的了解，这样才能够在服务过程中得心应手，避免出现差错。

（五）适度的原则

适度的原则就是要求我们在应用礼仪时，必须注意技巧，合乎规范，特别要注意做到把握分寸，认真得体。这是因为凡事过犹不及，假如做得过了头，或者做得不到位，都不能达到为别人更好地服务的目的。

📝 延伸阅读

[1] 孙丽.人人都要懂的职场礼仪[M].北京:人民邮电出版社,2015.

[2] 冠诚.不怯场:卡耐基魅力口才与说话技巧[M].郑州:郑州大学出版社,2017.

[3] 弗里德里克·冯·德尔·马维茨.职场礼仪·国际商务礼仪[M].王玉燕,译.北京:电子工业出版社,2017.

第二节　服务的分类礼仪

案例导入

　　香港丽晶酒店的礼宾服务在全香港五星级豪华酒店中是数一数二的。丽晶礼宾部的主管考夫特先生说："如何关心客人，如何使客人满意和高兴是酒店服务最重要的事情。"考夫特先生在1980年丽晶开业时就从事礼宾工作。多年来，每个到过丽晶、每个接受过考夫特先生服务的客人无不为他提供的"难不倒"服务所折服。一次，客人在午夜提出要做头发，考夫特先生和值班的几名酒店员工迅速分头联系美发师，并用汽车在15分钟内就把美发师接到酒店，引入客人房内，客人感动地说："这是奇迹。"又有一次，一对美国夫妻想到中国内地旅游，但要办签证，可他们却在动身的前一天才提出来。考夫特先生立即派一名工作人员直奔深圳，顺利地办完手续。他说："时间这么紧，只有这个办法，因此，再累再苦也得去。"有人问考夫特先生，如果有人要上等特殊年份的香槟酒，而酒店中没有怎么办？考夫特先生说："毫无疑问，我要找遍全香港。实在满足不了客人，我会记下香槟酒的名称及年份，发传真去法国订购，并向客人保证，他下次再来丽晶时，一定能喝上这种香槟酒。"当然，我们不可能完全像考夫特先生那样，也许我们的酒店也不具有这种条件。但是，这种做酒店服务所应该具备的全心全意为客人服务的精神和意识，是我们每个优秀员工都必不可少的。例如，某酒店前台的迎送服务礼仪规定，"客人乘坐的车辆到达酒店时，要主动为客人开启车门，用手挡住车辆门框上沿，以免客人下车时碰到头部，并主动向客人招呼问好"。但是，如果遇到老年客人，下车时还需要携扶一下。携扶老人，酒店没有明文规定，但对于一心一意为客人服务的员工来说，又是应该想到的、应该做到的，这就是酒店礼仪的灵活运用：真情服务，也就是个性化服务。这些类似的服务可以提升客人对酒店的满意度，而客人的满意度会带来"客人的忠诚"，"客人的忠诚"会给企业带来利润和成长。

　　服务礼仪是服务人员在工作时适用的礼仪规范和工作艺术，它可以体现服务的具体过程和手段，使无形的服务有形化、规范化、系统化。有形、规范、系统的服务礼仪，不仅可以树立服务人员和企业的良好形象，还可以塑造受客户欢迎的服务规范和服务技巧，能让服务人员在和客户的交往中赢得理解、好感和信任。服务礼仪主要以服务人员的仪容规范、仪态规范、服饰规范、语言规范和岗位规范为基本内容。就服务人员来说，在自己的工作岗位上需要与服务对象保持常规的人际距离，大致可分为下列五种：

服务距离。这是服务人员与服务对象之间所保持的一种最常规的距离。主要适用于服务人员应服务对象的要求，为对方直接提供服务之时。一般情况下，服务距离以 0.5～1.5 米之间为宜。具体的服务距离还应根据服务的具体情况而定。

展示距离。这是服务距离的一种较为特殊的情况。即服务人员需要在服务对象面前进行操作示范，以便使后者对于服务项目有更直观、更充分、更细致的了解。展示距离以 1～3 米为宜。

引导距离。这是服务人员为服务对象带路时彼此之间的距离。按照惯例，服务人员行进在服务对象左前方 1.5 米左右最合适。

待命距离。这是服务人员在服务对象尚未要求自己提供服务时，需要与对方自觉保持的距离。在正常情况下，应当在 3 米以外。只要服务对象视线所及即可。

信任距离。这是服务人员为了表示自己对服务对象的信任，为了使服务对象对服务的体验更为专心而采取的一种距离。即离开对方而去，在对方的视线中消失。但采取这种距离时，应注意两点：一是不要躲在附近，似乎在暗中监视；二是不要去而不返，令服务对象在需要服务时找不到人。

引导手势

服务礼仪涵盖很多内容，这里仅列举和我们生活最相关的五个工种的服务礼仪，进行适当讲解。

一、酒店服务

现代社会是一个飞速发展、激烈竞争的社会，酒店行业概莫能外。在各类规模不同、档次不一、风格迥异的酒店中，想要在竞争中脱颖而出，成为行业中的佼佼者，实现公司利润的最大化并非易事，这不仅需要酒店自身在硬件配套设施上过硬、有特色，还需要酒店在软性服务上有所突破，能够吸引更多的宾客入住。而软性服务极其重要的一环就是礼仪服务。礼仪不仅能够约束和规范服务人员的行为、加强酒店与宾客的沟通、提高酒店的服务质量，还能提升酒店形象、增强酒店的凝聚力，保证酒店的稳定发展。礼仪需要贯穿到酒店活动的全过程中，每个酒店员工、每个服务环节，无论是语言、行为还是操作流程，都需要将礼仪的内涵渗透其中，让酒店在礼仪文化中提高品位、提升人气，使每名前来酒店消费的宾客都能感受到礼仪带给他们的舒心享受，真正体验到"酒店如家更甚家"的温馨氛围！

（一）仪态礼仪——站姿

（1）站姿应自然挺拔，头部端正，下颌微收，两眼平视前方，面带微笑。

正确站姿（1）　　　　　　　正确站姿（2）

指引手势

（2）身体直立，应把重心放在两脚中间，双脚自然分开，位置基本与肩同宽，不可出现内八字或外八字，要挺胸收腹，两肩放平。

（3）双臂自然下垂，双手应交叉于背后，左手轻握右手的手腕，右手成半握拳状，力度适中，手臂放松。左手手背垫于臀部肌肉上方，两腿应绷直，如因长时间站立感觉疲劳时，可左右调整身体重心，但上身应保持直立。

（4）当与客人距离2米时，就应主动鞠躬问好。与客人交流时，应与客人保持0.6~1米的距离，目光应注视客人的三角区，不可上下打量客人。若客人的个子较矮或声音较小，应上前站在客人的左侧仔细聆听。

（5）为客人指引方向时，应站在客人的一侧，用同侧的手为客人指引，尽量引导客人正视其想要去的地方。

（6）站行李台时，应站在电脑位置，面向大堂站立，不得趴、靠、撑在行李台上，客人距离行李台2米时就应该主动问好。

（7）站在侧门时，应在侧门内侧，与侧门保持90°站立，当客人距离侧门2米时，应主动拉门迎送进出店的客人，并且身体前倾30°鞠躬向客人问好，除工作外不得随意走动，保证随时为客人提供服务。

（8）站门童岗时，应于大堂转门外右侧站立，除工作外不得随意走动。

① 有车辆时，应做停车手势，指引车辆停在适当位置，主动上前开门、问好，并指引大门方向，客人走入酒店后返回原岗位。

② 无车辆时，距离客人2米时应鞠躬问好，并指引大门方向，客人进入酒店后返回原岗位。

③ 在客人有行李的情况下，应主动上前询问客人是否需要帮助。

（9）在公共区域等候客人

① 应在客人后方1.5~2米处站立等候，并站在行李旁，保证站姿正确与行李安全。当多个行李员在站立等候时，应保持站在同一直线上。

② 在大堂其他地方时，若等候时间过长，应主动询问客人是否可以将行李先存放于礼宾部。

③ 在电梯内应在电梯按钮旁站立，将行李车放在电梯内侧，向进出电梯的客人问好并帮助其控制电梯。进出电梯时，应为客人护梯，请客人先行。如带客人进电梯或单独进电梯，遇到电梯内有客人时应向其问好。

④ 在楼道内等候客人时应在客人左侧身后1.5米处站立，将行李放于身边靠墙的位置，保证行李的安全。

⑤ 在客房门口等候时，应站立于房门口猫眼的正前方，以便客人确认

员工身份。此时应将行李车放于房门正前方，不得阻碍客人通行，按一声门铃，隔三秒敲次门，报"您好，行李员"，待客人同意后方可进入房间为客人提供服务。

（二）仪态礼仪——走姿

（1）行走时上体要保持正直，重心放稳，身体重心可稍向前倾，头部要端正，双目平视，肩部放松。身体协调，两臂自然摆动，行走时步伐要稳健。

正确走姿

（2）方向明确；两脚行走的轨迹应相对为直线，不要内八字走路，或者过分地外八字走路。

（3）步幅不要过大，步速不要过快。步幅应适中（两脚距离为 45～50 厘米左右）；速度要均匀（每分钟 60～100 步）。

（4）迎面遇见客人时，员工应主动靠右边行走，并向客人问好。

（5）所有员工在饭店内行走，一律靠右行走，两人以上列队行走，不得与客人抢道，绝不可气喘吁吁或因动作过急导致身体失衡冲撞了客人。

（6）上下楼梯时，腰要挺、背要直、头要正、收腹挺胸、臀部微收，不要手扶楼梯扶手。

（7）陪同客人时要注意本人所处的位置（位于客人的左前方 1 米左右）；协调的速度（以客人的速度为标准）；及时的关照提醒（拐角、楼梯或道路坎坷、照明不佳处）；正确的身体位置（路途中回答、指引时）。

（三）服务用语

1. 七声十七字

"七声"——来有迎声、去有送声、服务宾客有称呼声、客人表扬有致谢声、客人批评或打扰客人有致歉声、客人欠安有问候声、客人交办事宜有回声。"十七字"——您、您好、谢谢、请、对不起、再见、欢迎再次光临。

2. 服务语言的原则

服务语言的原则有：①主动；②热情；③真诚；④平等；⑤友好；⑥灵活。

3. 服务语言的要求

服务语言的要求有：①简明准确；②态度和蔼。

4. 常用服务用语

（1）欢迎语：欢迎光临、欢迎您来这里就餐、欢迎您到××酒店来。

（2）问候语：早上好、中午好、下午好、晚上好、晚安、先生好、太太好、女士好、您好。

（3）祝贺语：祝您生日快乐、节日快乐、新年快乐、圣诞快乐。

（4）征询语：请问您有什么事情？我能为您做些什么吗？您的事情我马上就办，您还有别的事情吗？请问您还需要别的吗？您还有其他需要吗？

（5）答应语：是的、好的、我明白了、我知道了、请稍等、请稍候；马上就到、这是我应该做的、照顾不周的地方请多多指教（原谅）。

（6）道歉语：实在对不起，请您原谅；打扰您了，请原谅；感谢您的提醒，对不起，这是我的错误（过失），对不起，让您久等了；对此向您表示歉意。

（7）指路用语：请往这边走、先生请在这里上楼（下楼）、请跟我来。

（8）答谢语：感谢您的光临、非常高兴能为您服务、感谢您的支持。

（9）告别语：再见、欢迎再次光临、祝您一路平安、请走好欢迎再来、非常感谢、欢迎再次光临。

（10）电话用语：您好，先生（女士）；我该怎样称呼您？请问您贵姓？请问您找哪一位？请不要挂断。

5. 服务用语的正确使用

（1）注意说话时的用语：久仰、拜访、留步、劳驾、借光、请教、赐教、光临、高寿、失陪、恭候、包涵、打扰、久违、拜托、告辞、请问、多谢。

（2）注意说话时的举止：与宾客说话时，应站立着始终保持微笑，用友好的目光关注对方，随时察觉对方对服务的要求，同时认真听取宾客的陈述，以示尊重，切忌口沫飞溅、手舞足蹈。

（3）注意说话时的语气、语调和语速。

（4）注意选择适当的词语：例如，用餐（正）——吃饭（误），一共几位宾客（正）——一共几个人（误），贵姓、尊姓、怎么称呼（正）——你叫什么（误）。

（5）注意语言要简练，中心要突出。

（6）注意避免机械性地使用礼貌用语。

（7）注意不同语言在表达上的差别。例如，祝您一路平安（正）——祝您一路顺风（误。因为飞机的飞行安全受风的影响）。

6. 问候语

问候语是指接待宾客时，根据时间、场合和对象的不同，所使用的规范化的问候用语。

初次和外宾见面，应主动说："您好，欢迎来中国。""您好，欢迎光临""女士们，先生们，欢迎你们光临××餐厅""您好，××先生，我们一直恭候您的光临""您好，见到您很高兴"。

如果能按每天不同的时刻问候客人，会显得更加人性化和专业化，如"您早""您好""早上好""下午好""晚上好"。

向客人道别或送行时，可以说："晚安""再见""明天见""谢谢光临，欢迎再来""祝您一路平安"。

遇到节日、生日等喜庆日子，应说："祝您圣诞快乐！""新年好！""恭喜发财，生意兴隆，大吉大利！""祝您生日快乐！""祝您健康长寿！"对香港、广东籍客人，习惯说"愉快"而不说"快乐"（因为在他们的方言里，"乐"和"落"同音）。

接待体育、文艺代表团时，应说"祝您比赛取得胜利""祝您演出成功""您的表演真精彩"。当他们取得一定成绩时，同样应该表示恭贺。

7. 应答语

（1）对前来的客人说："您好，我能为您做什么？""请问，我能帮您什么忙？"

（2）引领客人时说："请跟我来""这边请""里边请""请上楼"。

（3）接受客人吩咐时说："好，明白了""好，马上就来""好，听清楚了，请您放心"等。

（4）听不清或没听懂客人问话时应说："对不起，请您再说一遍""很对不起，我还没听清，请重复一遍，好吗？"等。

（5）不能立即接待客人时应说："对不起，请您稍候""请稍等一下"。

（6）对等待很久的客人在打招呼时应说："对不起，让您久等了。"

（7）接待失误或给客人添麻烦时应说："实在对不起，给您添麻烦了""对不起，刚才疏忽了，今后一定注意，不再发生这类事，请再光临指导"。

（8）服务后离开客人时应说："请好好休息，或请慢用，有事尽管吩咐，再见"。

（9）当客人表示感谢时应说："不用谢，这是我应该做的""别客气，我乐于为您服务"等。

（10）当客人误解致歉时应说："没关系""这算不了什么"。

（11）当客人提出过分或无理要求时应说："这恐怕不行吧""很抱歉，我没法满足您的这种要求""这件事我要同主管商量一下"。这时候一定要沉得住气，婉言拒绝，表现出教养和风度。

（12）客人来电话时应说："您好，这里是××饭店，请问我能为您做些什么？"当铃响过3遍，接电话时应先说："对不起，让您久等了。"

（四）其他事项

1. 讲究个人卫生

着装整洁、无污损，并使自己的头、手等部位保持清洁。为顾客提供服务时，要做到举止得体、自然。

2. 熟悉菜肴酒水

当顾客对菜肴、酒水不甚了解时，应及时给予详细的解释，并适当地给出合理的点餐建议，不可一问三不知、答非所问。

3. 尊重客人的选择

顾客点餐时，不要反复推荐客人没有点的菜肴、酒水等。要尊重顾客的宗教、民族习惯，对于第一次来就餐的顾客，应主动询问其是否有忌口或其他的用餐习惯。

4. 服务热情细致

在接到客人的订餐电话时，应认真记录来客人数和用餐时间，并问清是否需要吸烟区或视野良好的座位；当客人进入餐馆时，应热情、主动地将客人带到座位；在为顾客提供服务时，应遵循先女宾后男宾、先客人后主人、先长辈后晚辈、先儿童后成人等原则；客人离去时，应提醒顾客不要遗忘所带物品，并表示感谢，欢迎再次光临。顾客点餐时，可适当推荐本餐馆的特色饮食，客人所点菜肴够用时，应主动提醒，切忌故意诱导顾客点菜，造成浪费。

尊重老人，尊重妇女，尊重残疾人，尊重不同国家、民族的风俗习惯。尊重妇女与老人，是社会公德之一。入座、进出门厅、上下电梯、乘坐车辆，要让老人、妇女先行，并主动前去照顾。对残疾人更要关怀体贴，处处关心他们。对不同国家、民族各自独特的风俗习惯和礼仪，均应予以尊重。这就需要对此有一定了解才行。

引领客人，应在左前方大概一米远的位置，随客人的脚步轻松前进，在转弯或有台阶的地方要回头提醒客人注意。

有事进入客人的房间，要轻敲 3 下门（或按门铃）；如果没有应答，隔几秒钟之后应再敲三下，征得客人同意后再慢慢推门而入；即使开着门，也应轻敲三下，让客人有所准备，等客人示意后再进。离开时要轻轻把门关上。

用托盘递送物品时，物品及字样的正面应对着客人，一般应用双手递送，并礼貌地说："这是××。"

在岗位上，遇见客人路过，应向客人微笑点头。在走廊或过道上，对迎面而来的客人应主动让路。如同一方向，不得超越客人，如有急事，要打招呼"对不起，我可不可以先走一步"，然后侧身通过。

5. 注意服务细节

不要当着客人的面挖鼻孔、掏耳朵、脱鞋、更衣，不要对熟悉的客人指点、拉扯等。结账时，宜低声向结账者报出所收、找的钱数。工作时不得吸烟。工作时间不得接打私人电话。因为接打私人电话而让客人干等着，浪费客人的时间，无论如何都是不礼貌的。

在工作场所要保持安静，在隆重场合要保持肃静。不得大声喧嚷，更要防止串岗、交头接耳或开玩笑等。如客人有事召唤，不应该高声应答。如果距离较远，应点头示意，然后立即去服务。客人有电话，要轻声告知，并伸手示意在哪儿接听电话。隆重场合不仅不能有声音，而且神情应庄重专注。

接待客人时，不要主动和客人握手。当面为客人服务时，不可做出抓头、搔痒、剔牙、擤鼻涕、打喷嚏等不文明的动作。如要咳嗽、打喷嚏，应用手帕捂着嘴，侧向一旁，把声音降到最低。

客人没有离开的时候，不得擅离岗位，或提前清理物品，打扫卫生。对客人决不能冷眼相视或置之不理；对有生理缺陷、性格古怪的客人，切忌指指点点，品头论足。

服务时应注意水或酒、菜及饭的添加时机，避免客人等候；应随时更换烟灰缸、毛巾、汤碗、骨盘。

6. 上菜的注意事项

（1）到配餐间或厨房叫菜，不可争先恐后，要按顺序领菜。

（2）离开厨房之前，应检察托盘的清洁，依服务顺序放置在托盘上，并注意菜品的美观和温度。

（3）上菜时不可贪图便宜，除了干的菜肴可以勉强用手拿送，带汤汁的菜宜用托盘，端的太多既难看又可能发生意外。

（4）领菜之后回到餐厅应先放置在工作台上，到餐桌招呼一声，顺便收理脏的茶杯及烟灰缸，以腾出放置菜肴的空间。

（5）如是吃饭的菜，应随即盛饭送上；若为下酒的菜，应把啤酒或汽水慢慢斟入杯中，但不宜倒得太满，以防溢出杯外。

（6）上菜时要轻巧，不要弄出声来，端送盘、碟、碗时，要以四支手指支撑底部，拇指轻按缘边，不可触及食物。

（7）上菜应从客人的左方端上，但饮料恰巧相反，要用右手从右方奉上；有时视餐桌的位子，可相机行事；至于上菜的先后顺序，最好是预先得知谁是主人，以便按宾主的先后顺序进行。

（8）滚烫的炖菜上桌时，应提醒客人注意，因为有些用油炖的菜虽然很烫，但没有冒热气，不知情的客人往往一口咽下，容易烫伤。

（9）外籍客人用中餐时，除筷子外，应同时准备刀叉，视其习惯与需要随时提供。

（10）外籍客人吃中菜时，应征求他们同意后再给予分菜，分菜时不要将羹液溢出，尤其是汤汁落在桌上，容易弄污餐桌，给客人留下不良印象。

二、销售服务

在店面销售的人员是代表企业直接和顾客打交道的员工，所以销售人员的言谈举止不仅关系到个人的形象，而且直接影响到企业的声誉，也是企业经营成败的重要环节。所以说，销售人员的礼仪修养，和商品质量一样重要。要做到文明经营、热情待客，销售人员就必须树立良好的服务意识。让顾客真正体验到来你这儿购物是一种交流、一种享受。应该让他们高兴而来，满意而去，下次再来。销售人员是企业的一个门面，所有销售人员都应牢记"顾客就是上帝""宾客至上、服务第一"等服务理念、服务口号，全心全意地为顾客提供热情优质的服务。要做到热情迎客、热情待客、热情送客。当然，热情一定要表现得适度。

第一，要规定统一的工作着装。销售人员不管是不是穿着统一制服，都必须让自己的着装整洁、大方、得体，因为它对顾客的购物心理有着重要的影响。假如说某商场的一名男销售员袒胸露怀、歪戴帽子，衣着不整地站在柜台后面，就会让顾客感到此店风气不良，在这里购物就会有一种不安全感，这就会直接损害了企业的形象。

销售人员必须注意自觉遵守着装的规定，绝不能随意穿着制服，如果销售人员出现领带拉开一半，衬衫下摆不掖起来，或者上衣领口大敞着，外衣高挽着袖口这些现象，就会影响到购物的氛围。而低档商场，不一定非要统一服装，但是穿着也要整洁、美观、大方。特别是夏天，销售人员不能穿背心短裤以及袒胸露背的服装。

对于高档奢侈品来说，如高档家具、珠宝首饰、豪华汽车等产品的销售人员，着装要求必须更加严格，以显示出专业、敬业的外在形象。比如，有两家销售珠宝的企业，一家企业的销售人员每人穿着自己喜爱的服装，成了一片"花"的海洋；另一家企业的销售人员着装则整齐统一，并且手戴洁白的手套。你更愿意去哪一家呢？

第二，要保持良好的精神风貌。在上班之前应尽量休息好，要注意一下自己的仪表，不要表现得毫无生气。男销售人员应该显得文雅而有朝气，女销售人员可以化淡妆，这是一种对自己和别人的尊重。在工作岗位上，必须表现得专心致志，决不允许扎堆聊天、听音乐、看书、试用新产品，甚至到店外面转几圈。特别要提醒的是，男销售人员不准在营业时间吸烟，不准叼着香烟和顾客说话，甚至把烟雾喷到顾客脸上。女销售人员，即使在空闲的时候，也不要在柜台前面化妆、打扮。销售人员在工作岗位上应当精神爽朗、表情自然，不要愁眉苦脸、一脸晦气。要在顾客向你了解商品，并要求为之提供服务的过程中对顾客保持适当的微笑。不能背着顾客暗自发笑，这样很可能会吓跑顾客。

第三，要维持舒适的环境卫生。对个人来说，先要搞好个人卫生，使自己看起来干净、利索。对于整个店面或所负责的货架、柜台，要定期进行擦洗清洁。营业时间不要搞卫生，避免把店面弄得乌烟瘴气，而且顾客会认为是不欢迎他们。如果是刚做完或者是正在做清洁工作，可以在相应醒目的位置立上诸如"小心地滑！"的警示牌，让你的营业厅处处体现顾客至上的经营理念。

销售服务要坚持做到"三到""三声"。具体就是"顾客到、微笑到、敬语到"以及"来有问声、问有应声、走有送声"。一定要热情待客，在接待顾客时，销售人员要时刻保持热情。对顾客服务不热情，甚至冷言冷语、恶语伤人，会让顾客不寒而栗。但如果热情过了头，也会令人感到不舒服，直接影响顾客的购买欲。

首先，热情迎客要求销售人员在顾客光顾自己的"责任区"时，应当让顾客感受到你对他的热情欢迎，并以此使顾客对你产生良好的印象，促使双方交易成功。要主动迎客，微笑服务。顾客进店后，销售人员应以亲切的目光迎接，欢迎顾客的光临。对顾客要始终保持微笑，以微笑接待顾客，会使顾客感到温暖，产生"宾至如归"的感觉。微笑是打动人心最美好的语言。那种冷漠的面部表情会让顾客望而生畏，甚至打消买东西的念头，是不符合礼仪的行为，顾客也决不会心甘情愿地在这种冷漠表情下选购任何商品。因此，缺少微笑的销售人员，必将缺少顾客的光临。在货架位置服务的销售人员，要站得端正并且目视顾客走过的方向，双手自然下垂，在下腹叠放握着，或者背在身后。在柜台服务的销售人员，应紧靠柜台而站，但双手不要扶在柜台上，应目视正前方并给自己一个适当的微笑。不管有没有顾客，都不允许销售人员坐着、趴着或者靠着、倚着。这些休息时的动作，很难给顾客留下好的印象。当有顾客过来，一米以内的区域时，你应当面带微笑地说一声"欢迎光临"。

接下来就要热情待客了，这就要求销售人员在为顾客服务的整个过程中，都应表现得礼貌、热情、耐心、得体、周到，使顾客的购物舒心而愉快。当顾客选择商品时，不要横加干扰。不要用警戒的目光去审视顾客。那种异样的眼光，会使顾客非常反感，超市的销售人员更要注意。当你把商品交给顾客时，应用双手，并轻拿轻放。万一顾客主动动手帮忙，要记得道谢。带"尖"的物品，如剪刀、锥子等，应当横着或将尖端朝向自己递给顾客，不要用其带尖的一端直接对着顾客，以免伤着对方。

要准确无误地解答顾客的各种问题。解答要热情，声音要轻柔，答复要具体。解答顾客的提问，应面对顾客，文明解答。不能低头不理，或者含糊其词、心不在焉，边回答边干其他事情。要礼貌对答，不能冲撞顾客。不论顾客提出的问题在销售人员看来如何幼稚，甚至是"多余"的，都应礼貌答复，不能露出不屑一顾的表情，甚至讽刺挖苦，这些行为都会伤害顾客的自尊心。要做到有问必答，百问不厌。有些顾客挑选商品时会不时发问或者反复问同一个问题，有时几位顾客会同时发问，让人不知听谁的好，销售人员应有充分的耐心，沉得住气，详细地解答。而且应当公平交易，实事求是，不要以假乱真、以次充好，缺斤短两。这些行为都难以为你赢得回头客。

在接待多位顾客时，不要以年龄、性别、服饰、相貌取人。不管是老人还是孩子，同性或异性，哪怕相貌平平，或者穿着一般，必须一视同仁、平等对待。因为他们都是消费者、都是上帝，都有可能带来潜在的消费群。必须做到笑迎天下客，"接一、顾二、招呼三"。这时你可以利用你的神态表情与第三位甚至更多的顾客打招呼，使他们感到没有被冷落。当有时间替他们服务时，要主动道歉说"对不起，让您久等了"。在任何情况下都不允许销售人员和顾客争吵，如果发生这一类事件，商场要主动承担责任，不要让顾客带着一肚子怨气离去。

比如说一位顾客正在货架旁打量化妆品，她有可能只是看看，也有可能正在进行比较，没有丝毫想要销售人员帮忙的意思。而一位销售人员上前却说："您需要什么？要不要我把它取出来给您试试？"这就可能会打断对方的思路，让顾客丧失购买的决心。如果这位顾客主动要求店员为他服务，或向你投来询问的目光，这时你就可以给以热情的问候。顾客未和你正面接触之前，你只要稍加注意，保证随叫随到就行。而不能一直盯着对方上下打量，甚至有的销售人员喜欢与同事议论顾客的发型、服饰，或尾随着，这样都会给顾客带来"盯梢"而且极不舒坦的感觉，只想马上离开。应尽量给顾客创造一个"零干扰"的购物空间，商家与销售人员都要积极致力于将顾客在购物过程之中所受到的打扰减少到零。要让顾客逛得自在、选得自由、买得舒心，购物时得到精神上的享受。在和顾客说话的时候，不应该接打电话特别是私人电话。即使有非接不可的电话，一定要三言两语解决掉，不要在顾客面前煲电话粥、在电话里卿卿我我。等候的滋味实在是不好受。要注意：一是未经要求，尽量不主动上前向顾客推销商品。二是如果没必要，不要在顾客浏览商品时长时间地在身后随行。三是在某一销售区内，导购员人数不要多于顾客的人数。必要时，多余的销售人员可以暂时撤开。这些都有益于让顾客在店面里自然放松，为他们了解、选购商品创造一个必要的舒适环境。

关于热情送客。俗话说"买卖不成情义在"，无论顾客挑拣半天分文未花，还是高高兴兴满载而归，都要说一声"欢迎再来""再见"或"您慢走"。

三、医护服务

随着科学技术的不断进步和医疗行业竞争的加剧，医学模式已经发生了巨大的变化，医疗工作已从传统的"以疾病为中心"的功能式，发展到以"病人为中心"的整体护理模式。文雅健康的风姿，稳健适度的步伐，自然亲切的微笑，热情体贴的言辞，将极大地影响你的病人，稳定他们失衡的心态，激起他们生活的欲望，唤醒他们对美好事物的向往和追求，这对于病人恢复健康，将产生无可替代的积极影响。

（一）容貌服饰

容貌是情感传递的基本部位。所以，护士的容貌对病人会有很大的影响。浓妆艳抹、不修边幅、倦怠冷漠，这不仅会影响自身的形象，也会让病人产生不信任感。护士工作时应化淡妆。自然、明快、贴近生活的淡妆，能拉近你与病人的距离，增进病人对你的信任。

服饰要庄重得体。这既体现了护士的职业特征，又展示了护士特有的气质和形象。护士的服装应以裙装为主，要整洁庄重、大方合体，裙装约过膝 5 厘米，内衣不可外露，不可佩戴耳环、手镯、戒指等手饰，鞋子应统一为白色软底坡跟鞋，袜子为肤色长袜，袜口不露出裙装底边。

要保持护士帽的洁白、挺括、无皱褶。戴帽时应先整理头发，头发不宜过

护士帽

高、过多和过长，耳边头发一律梳理到耳后，长发用发网向上网住，使头发前不遮眉，后不过肩，侧不掩耳。用发夹在帽后方固定，帽翼两侧禁用发夹，以保持两翼外展似燕子飞翔的形象。

（二）行为举止

护士是人类健康的保护者、生命守护神，护士的行为举止对病人的心理有着极其重要的影响。

1. 站立姿态

站立是护士最基本的活动形势，是保持仪表美的基础。

（1）规范站立：头正颈直、两眼平视、下颌微收、收腹挺胸，两臂自然下垂，右手握住左手四指的背侧，两腿直立，重心上提。两脚尖距离为 10～15 厘米，脚跟距离约 5～7 厘米，使后背五点在同一平面。

（2）自然站立：即是在规范站立的基础上双手自然摆放。

2. 行走姿态

护士工作绝大部分是在行走中进行的。

行走时双眼平视前方，收腹挺胸，两臂自然摆动，摆动幅度为 30° 左右，双脚在一条直线上行走，步态轻稳，弹足有力。两人同行擦肩而过应保持 10 厘米左右的距离，防止相互碰撞，失礼失态。

3. 推车姿态

推车时双手应扶住车缘把手两侧，躯干略向前倾，进病房时先停车，用手轻轻开门，再把车推至病人床前。

4. 持病历夹姿态

左手握病历夹前端，并夹在肘关节与腰部之间，病历夹前沿略上翘，右手自然下垂或摆动。翻病历夹时，右手拇指与食指从中缺口处滑到边

缘，向上轻轻翻开。

5. 端坐姿态

右手握住椅背上缘，四指并拢于外侧，拇指在内，平稳提起，放下动作要轻，以保持病房安静，坐下时右脚先后退些，左手抚衣裙，坐下后双手掌心向下放于同侧大腿上（或左下右上重叠放于左侧大腿巾衣处），躯干与大腿呈90°，两眼平视、挺胸抬头、自然大方。站起时，右脚稍许后退，然后站起。和病人交流时，不应坐靠在病人床铺，不要坐着同站着的病人谈话，最好保持与病人平视的位置上，这样，会使病人感到亲切、自然，对你产生好感。

护士要学会热情友好地微笑。护士的微笑是爱心的体现，能给病人创造出一种愉悦的、可信赖的氛围。

尊重患者就是要做到热情关心、服务周到、语言文明、态度和蔼，在与患者的交流中，充分尊重患者的人格和尊严，满足患者正当的愿望和合理要求。具体表现是：尊重患者，爱护患者，不歧视患者，鼓励患者，理解患者，帮助患者。在巡视病房时，还要做到"四轻"，即说话轻、走路轻、操作轻、关门轻。

（三）语言交流

言为心声，语为人镜。医护人员的语言具有"治病"和"致病"的作用，是进行心理治疗和心理护理的工具。所以，一个优秀的医护人员必须掌握文明用语。语音要清晰、语气要温和、语意要准确，努力打通医护人员和病人之间的感情壁垒。

语言要礼貌谦虚。要塑造一个礼貌谦虚、温文尔雅的形象，就要在语调、语气、用词上多注意。

语言要富于情感，注意保护病人的隐私。早晨走进病房的时候要微笑地向病人问声好："早上好！昨晚休息得好吗？""你感觉怎么样？"这些不是简单的寒暄，而是一种情感交流。有时候患者会对自己的某些病情比较敏感，所以医护人员有时候需要用委婉、含蓄的方式告诉他们，以减少他们的精神压力。同时，患者的隐私、生理缺陷等不愿公开的秘密，医护人员必须履行保密的义务。

1. 迎送用语

病人入院是建立良好关系的开始，护士要起立，热情接待，给病人及家属以必要的解说和帮助，并把病人护送到病床。病人出院时要送至病区门口，用送别语和病人道别，如请按时服药，请定期到门诊复查、祝您早日康复、再见等。

2. 护理操作用语

分操作前解释、操作中指导和操作后嘱咐三种。

（1）操作前解释：×××您好，根据您目前的病情，现在需要静脉输液，您现在是否需要排便，要不要我帮您做好准备。

（2）操作中指导：请您把手伸出来，就选用左手好吗？让我给您扎上止血带，请您先握紧拳头。对，配合得很好。不用紧张，我动作会很轻的，请您放心。如果一针没进，要向病人道歉说：对不起，给您增添了痛苦了……

（3）操作后嘱咐：您配合得很好，谢谢。您现在感觉怎么样，请注意进针部位疼不疼、是否有肿胀，或是身上有什么不适的症状。呼叫器就在您边上，可以随时叫我。好了，现在您就安心休息吧。

四、司机服务

系安全带是开车前的准备工作。开车之前，应该先和乘客确认一下要去的目的地。

当车上乘坐的是老、孕、病等特殊乘客时，应该匀速行进，以保证他们的安全和舒适。而且在上下车的时候，如果可能的话，应该主动搀扶一下。

如果需要接打手机，必须先停车，以保证自己和其他乘客的安全。

不要总通过车内后视镜窥视后座的乘客，除非是你亲密得不能再亲密的人。否则，总会让人感到不自然。

为保持车里的空气新鲜，司机一定不要在车里抽烟，为乘客做出表率。

乘客下车的时候，要提醒他们拿好自己的东西。

和乘客聊天解闷是常有的事，但我们要注意话题的选择。就像天气、当地的风俗、特产、名胜古迹以及沿途的景观等一些大众化的话题永远都可以说。而像婚嫁、年龄（特别针对女性的时候）、工资，甚至还包括来这儿干什么等话题，涉及个人隐私的内容，都不应该问。还有像小道消息、八卦新闻，谈论起来也显得很粗俗。

当车停在十字路口的时候，要把车停得远离人行道，以免给行人带来不便。即使交通灯已经转变为绿色，也不要和行人抢路，以免出现意外。

在车经过水坑的时候，一定要注意减速、避让，不要因快速行使而把水溅到行人的身上。

现在新手司机的车，车后都贴有实习标志。应该对新手司机持宽容和理解的心态，不要在后面使劲按喇叭，或者跟得太紧，造成新手紧张而出现意外。

短时间内频繁地按车喇叭，就像一个人大喊大叫一样，都是很不礼貌的行为。在交通阻塞时按喇叭不仅无济于事，还会让人烦躁。

往车外扔东西和吐痰，同样也是不文明的行为。

司机要注意自身的着装，不要以为车内是私人空间，而忘乎所以，甚至有些男性在天热的时候光着膀子开车。

如果是专车司机的话，还要注意：

接到出车任务后，要提前5～10分钟到达指定地点等候。在等车的时候，绝对不可以催叫或按喇叭。

客人上车前要在车外等候并为客人开门。一只手开门，另一只手垫在车门顶端，万一客人不小心一抬头撞到门顶的时候，撞到的是你的手而不是金属门。

鉴于司机工作的特殊性，要严格遵守保密制度：不该说的话不说、不该问的事不问、不该听的话不听。否则，不论是从职业道德，还是从制度、法律层面来说，都是不允许的。

五、售票服务

客车售票人员的工作属于窗口性质的工作，在一定程度上代表着一个城市的文明形象。所以，客车售票员掌握一些基本的工作礼仪还是必要的。

客车售票员如果有工作服，应该穿工作服上岗，并且工作服应该是干净、整洁的，以显示自己的爱岗敬业。

客车售票员绝对不可以因为乘客的穿着或者身份的不同，在态度上有所区别。

客车售票员工作时应该说普通话，以方便非本地人员能够听懂你的服务用语。

如果没有自动报站系统，售票员就要主动报站，以方便乘客的上下车。

在车转弯的时候，售票员要及时提醒乘客抓好、扶好。

当有乘客发生争执、争吵的时候，应该及时有效地进行劝解。

当车晚点而造成乘客投诉的时候，售票员必须认真听取群众的意见，耐心、客观地解释，不可以不耐烦、不理睬或一味推卸责任。

当有乘客询问换乘车路线的时候，在知道的情况下，应该尽可能详细、明确地告知，不要只说"可能""或许"之类模棱两可的话。

参考文献

[1]　金正昆.礼仪金说实践篇[M].西安:陕西师范大学出版社,2012.

[2]　金正昆.礼仪金说应用篇[M].西安:陕西师范大学出版社,2012.

[3]　袁涤非.教师礼仪[M].北京:中国人民大学出版社,2018.

[4]　袁涤非.现代礼仪[M].北京:高等教育出版社,2015.

[5]　袁涤非.女性现代礼仪[M].长沙:湖南大学出版社,2016.

[6]　金正昆.接待礼仪[M].北京:中国人民大学出版社,2012.

[7]　金正昆.交际礼仪[M].北京:中国人民大学出版社,2008.

[8]　金正昆.职场礼仪[M].北京:中国人民大学出版社,2012.

[9]　金正昆.商务礼仪教程[M].北京:中国人民大学出版社,2012.

[10]　金正昆.服务礼仪教程[M].北京:中国人民大学出版社,2012.

[11]　金正昆.社交礼仪教程[M].北京:中国人民大学出版社,2013.

[12]　彭林.中国古代礼仪文明[M].北京:中华书局,2005.

[13]　王晓梅.不可不知的1000个礼仪常识[M].北京:中央编译出版社,2008.

[14]　李京姬,金润京,金爱京.形象设计[M].北京:中国纺织出版社,2007.

[15]　姬仲鸣,周倪.孔子:上卷[M].北京:中央民族大学出版社,1998.

[16]　姬仲鸣,周倪.孔子:下卷[M].北京:中央民族大学出版社,1998.

[17]　杨朝明.荀子[M].开封:河南大学出版社,2008.

[18]　黄怀信.大学 中庸讲义[M].北京:清华大学出版社,2013.

[19]　司马光.资治通鉴[M].太原:北岳文艺出版社,2013.

[20]　刘同.谁的青春不迷茫[M].北京:中信出版社,2012.

[21]　李清如.跟杨澜学做完美女人[M].武汉:武汉出版社,2012.

[22]　周小平.请不要辜负这个时代[M].海口:南海出版公司,2014.

[23]　郑玄注,贾公彦疏.黄侃经文句读:周礼注疏[M].上海:上海古籍出版社,1990.

[24]　金正昆.金正昆礼仪全说[M].北京:新华出版社,2011.

[25]　周思敏.你的礼仪价值百万[M].北京:中国纺织出版社,2009.

［26］ 姜钧.礼仪知识大全集［M］.南昌:百花洲文艺出版社,2012.

［27］ 理想.我的第一本职场礼仪细节全书［M］.北京:中国纺织出版社,
2017.

［28］ 谭一平,叶坤妮.职场工作礼仪［M］.北京:清华大学出版社,2011.

［29］ 廖欣.大学生礼仪素养存在问题及对策研究［C］//北京中外软信息技
术研究院.第二届世纪之星创新教育论坛论文集.北京:世纪之星杂
志社,2015(3):31.

［30］ 张娟.中国礼仪文化在民航服务中的体现［J］.现代交际,2018(1):13
-14.

［31］ 王岚.懂礼仪,好营销［J］.营销界(农资与市场),2013(2):88-89.

［32］ 夏莉,钱春霞,王慧媛.浅谈职场礼仪培训与个人魅力提升关系［J］.
商,2015(31):39.

［33］ 陈敏.论公务员的礼仪修养:从中国传统礼仪的视角［J］.福建金融管
理干部学院学报,2009(5):33-35.

［34］ 李昀.形象决定未来［M］.桂林:漓江出版社,2010.

［35］ 刘思宇.你的形象就是你的价值［M］.北京:中国时代经济出版社,
2006.

［36］ 毕文杰.你的职场礼仪价值百万［M］.北京:中国画报出版社,2012.

［37］ 端木自在.社交与礼仪［M］.南昌:江西美术出版社,2017.

［38］ 刘文秀.每天学点礼仪常识［M］.北京:中国法制出版社,2016.

［39］ 金正昆.职场礼仪［M］.北京:北京联合出版公司,2013.

［40］ 荣一兵.一天一点情商训练［M］.北京:北京工业大学出版社,2014.

［41］ 孙丽.人人都要懂得职场礼仪［M］.北京:人民邮电出版社,2015.

［42］ 冠诚.不怯场:卡耐基魅力口才与说话技巧［M］.郑州:郑州大学出版
社,2017.

［43］ 弗里德里克·冯·德尔·马维茨.职场礼仪国际商务礼仪［M］.王玉
燕,译.北京:电子工业出版社,2017.

［44］ 王辉.日常礼仪的300个关键细节［M］.重庆:重庆出版社,2011.

［45］ 王雪梅,杨红波.服务接待礼仪［M］.昆明:云南人民出版社,2010.

［46］ 铅华.别让不懂职场礼仪害了你［M］.天津:天津科学技术出版社,
2016.

［47］ 木子.超实用的职场礼仪书［M］.北京:中国纺织出版社,2018.

［48］ 陈乾文.别说你懂职场礼仪［M］.北京:龙门书局,2010.

［49］ 陈静.职场礼仪一本通［M］.南昌:百花洲文艺出版社,2012.

[50] 大卫科泽. 仪式·权利与政治[M]. 南京:江苏人民出版社,2015.

[51] 李思圆. 生活需要仪式感[M]. 济南:山东文艺出版社,2018.

[52] 迪尔,李原. 企业文化:企业生活中的礼仪与仪式[M]. 北京:中国人民大学出版社,2015.

[53] 金正昆. 国际礼仪[M]. 北京:北京大学出版社,2005.

[54] 杰奎琳·惠特摩尔. 礼仪的价值:迈向成功必备的9堂修身课[M]. 唐舒芳,译. 北京:机械工业出版社,2016.

[55] 翁海峰. 职业礼仪规范[M]. 北京:机械工业出版社,2009.

[56] 古谷治子. 图解职场交际礼仪[M]. 刘霞,译. 北京:电子工业出版社,2015.

[57] 纪亚飞. 服务礼仪标准培训[M]. 北京:中国纺织出版社,2012.

[58] 金正昆. 社交礼仪[M]. 北京:北京大学出版社,2005.

[59] 翟文明. 社交与礼仪知识全知道[M]. 北京:中国华侨出版社,2010.

[60] 金正昆. 社交礼仪教程[M]. 北京:中国人民大学出版社,2009.

[61] 楦藤子. 二十几岁要懂得的社交礼仪[M]. 北京:华夏出版社,2011.

[62] 张思源. 现代社交礼仪与口才全集[M]. 北京:中国致公出版社,2011.

[63] 冠诚. 年轻人一定要懂得的社交礼仪[M]. 北京:北京理工大学出版社,2011.

[64] 张四成,王兰英. 现代酒店礼仪规范[M]. 广州:广东旅游出版社,2005.

[65] 薛齐. 高职高专精品课系列:酒店服务礼仪[M]. 上海:复旦大学出版社,2017.

[66] 何丽芳,隋海燕. 酒店实用礼仪[M]. 广州:广东经济出版社,2013.

[67] 魏巍. 销售礼仪与沟通技巧培训全书[M]. 北京:中国纺织出版社,2015.

[68] 宋海燕,纪亚飞. 销售礼仪标准培训[M]. 北京:中国纺织出版社,2014.

[69] 庄红. 护士礼仪[M]. 上海:同济大学出版社,2012.

[70] 刘莹. 实用护士礼仪学[M]. 北京:科学技术文献出版社,2015.

[71] 李永生,杜琳. 涉外交际礼仪[M]. 北京:外语教学与研究出版社,2007.

[72] 张国斌. 外交官说礼仪[M]. 北京:华文出版社,2009.

后　记

有"礼"走遍天下，无"礼"寸步难行。

在多元文化背景下，在经济快速发展的社会中，作为一名现代职场人，不知礼，则必失礼；不守礼，则必被视为无礼。职场人若缺少相关从业礼仪知识和能力，必定会经常感到尴尬、困惑、难堪与失落，进而会无缘成功。

为了顺应市场经济发展对现代职场人素质和能力的迫切需要，提升从业人员的职业形象，促其熟练运用人际交往的技巧，展示沟通艺术，进而完善职场人的综合素质，增强工作能力和职业竞争能力，我们编写了《职场礼仪》一书。《职场礼仪》是"中国礼仪文化丛书"之一，定位于职场人的基础技能，是每一名职场人工作的必备技能之一。本书迎合了市场经济发展的需要，顺应了各行业职场竞争的需要，是时代发展的必然产物。期望通过本书的普及，切实提高职场人的内在美和外在美，提高职场人礼仪文化的修养以及交往、沟通、组织、协调等职业能力，使职场人既具有一定的礼仪理论知识，又具有较强的人际交往技巧和能力，能够胜任各行业对人员素质的要求，同时塑造职场人良好的个人职业形象，使其成为具有高雅气质、举止得体的现代职场人。

本书重点介绍了职场礼仪的基本理念、职场形象的塑造（仪表、仪态、仪容规范和言谈艺术技巧）、职场礼仪的运用（求职礼仪、办公礼仪、仪式礼仪、行业礼仪、社交礼仪的实务与技巧）。本书兼顾了理论知识学习和实践应用训练指导，重点突出了能力培养的实际操作指导，具有极强的社会需求性、实践性、实用性和操作性。

编著者

2018 年 4 月